はじめに

この本は、これまで私が研究と指導現場の経験的知見を基に「よいストレートを投げるための理論と方法」を記したものです。

この本が画期的であるのは私の知見だけでなく、親友で長きにわたり、プロ野球選手、特に投手のトレーナーを務めてきた井脇毅さんと一緒に作った本であることです。

彼と本を作ることは私にとっても素晴らしい機会であり、読者の皆さんにとっても理解が深まることは間違いありません。

私はこれまで野球の指導者として投手の指導をしながら、研究のフィールドではバイオメカニクスに基づく動作の分析を行ってきました。

本学の学生の動作の分析はもちろんのこと、シーズンオフになると多くの野球選手が動作の分析を求めて本学を訪れてくれています。本著で私が担当したところでは、多くの選手を分析する中でよいストレートを投げるときに共通する点を集めて書きました。そこにコンディショニングのスペシャリストである井脇さんの知見が加わることで、ケガをせずに技術を向上させる方法へ発展させたのが本著であります。

最後になりますが、この本を作るにあたり、多くのご助言と手助けをいただいた佐藤紀隆様、一角二朗様に感謝申し上げます。

この本を読んで多くの選手のパフォーマンス向上やコーチにとって指導の役に立てることができれば著者の一人として望外の喜びです。

筑波大学体育系准教授　**川村 卓**

本書の見方、使い方

本書は「よいストレートを投げる」ために必要な知識と、すぐに実践できるトレーニングで構成しています。ここでは各省の内容と各ページの要素を紹介します。

各章の内容

▶第1章 ストレートとは?

ストレートの定義や投じるボールにかかる回転に関すること、コントロールについてなど、ストレートの概論を紹介します。

▶第2章 よいストレートを投げるメカニズム

投球のメカニズムについて、川村氏が「投球に関わるバイオメカニクスの研究者」と「筑波大学硬式野球部の監督＝指導者」の両面から、投球のポイントについて解説します。また共同執筆者の井脇氏は、トレーナーとしての立場や考え方から、要所要所で知見を述べてもらうという構成にしています。

▶第3章 コンディションと投球の関係

優れたピッチャーは、どのような環境でも同じ動きをする＝再現性に優れています。またピッチングには、ボールに回転を伝えるための身体機能つまり運動連鎖が必要になります。この大前提を踏まえたうえで、コンディショニングのポイントや注意点を、対談形式で構成しています。

▶第4章 ワンランク上のストレートを投げる土台を作る

第1章から第3章までの内容を踏まえて、実践できるトレーニングメニューを掲載しています。本書のトレーニングは順番も重要ですので、カテゴリーごとに順番を守って実践してください。また掲載しているトレーニングの実施後は、キャッチボールやネットへのスローなどを行い、トレーニングで養った感覚を実際の投球動作につなげてみましょう。

解説ページ（第1章～第3章）

解説のページでは、文中に出てきたポイントを図やグラフ、写真を掲載することで、より理解しやすいように構成しています。

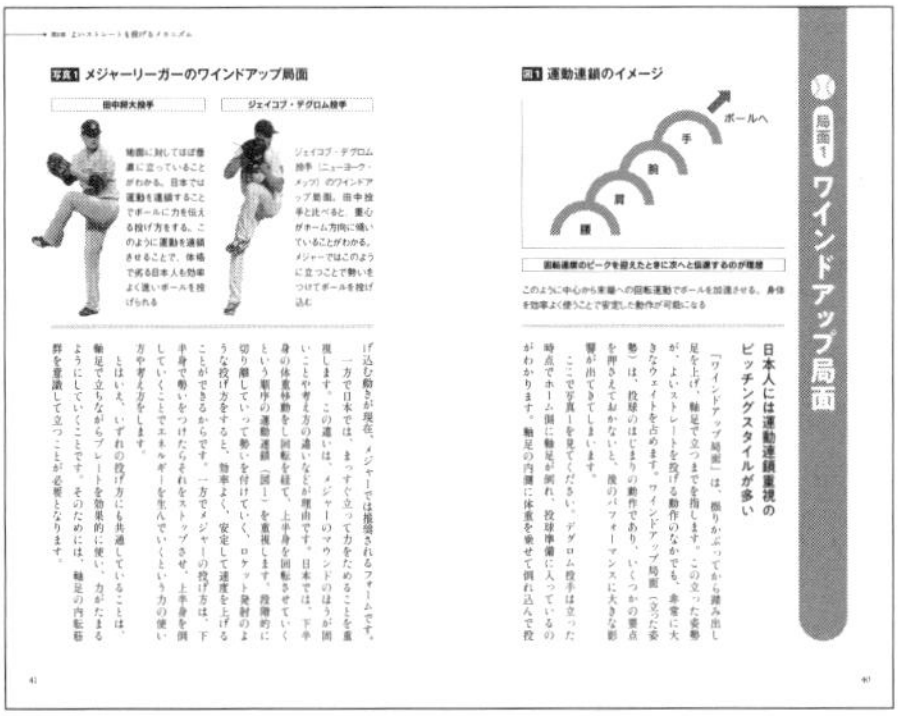

トレーニングページ（第4章）

トレーニングのページでは、写真で動きの解説をしています。また本文ではトレーニングの目的や回数の目安、注意点を掲載しています。実施前に文を読み、目的などを理解したうえで行ってください。

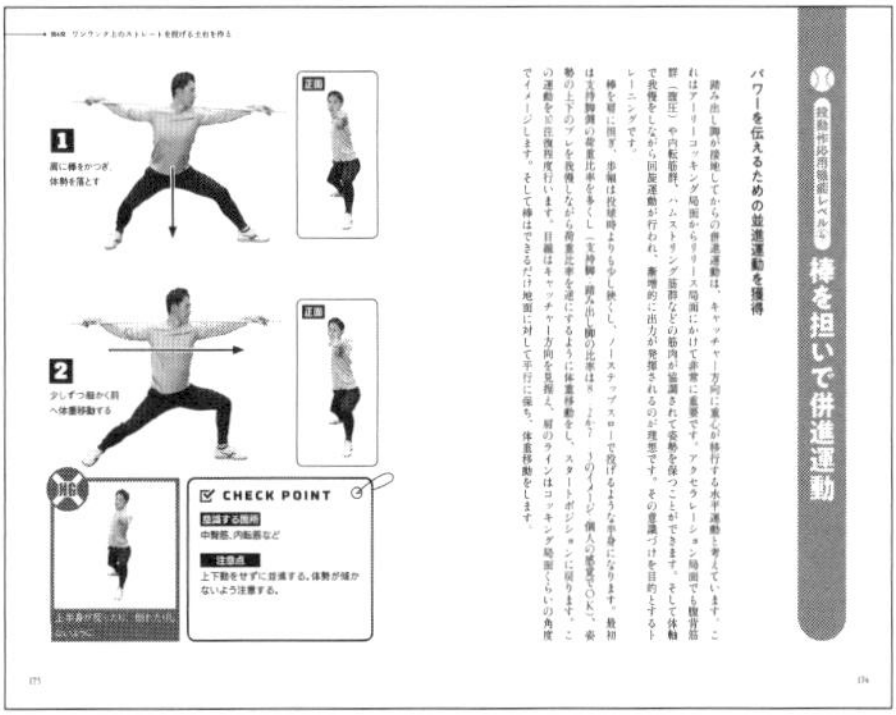

第1章

ストレートとは?

第1章の構成について

ストレートはすべての球種の基本になる

本書を手に取っていただいた皆さんのなかには、「いいストレートを投げたい」と考えている人も少なくないでしょう。また指導に携わり、いいピッチャーを育てたいと考えている方も多いと思います。

ストレートはすべての球種の基本であり、ストライクを取るためにも非常に大切です。ストレートにシュート回転などのスピンがかかってしまうと軌道の変化が起こって、打ちづらさもあるのですが、ストライクが取りづらくなります。

指導の現場や多くの方々からいただく質問で多いことは、球速を上げることについてです。球速は成長の度合が数値化されるため非常にわかりやすく、球速を上げること自体は決して悪いことではありません。しかしプロの世界を見るとわかりますが、球速を速くしようといろいろなトレーニングを積んだ結果としてコントロールがなくなってしまったり、体への無理がたたってケガをしてしまうという悪循環に落ちっていってしまうケースがあります。これは非常にもったいないことです。

いいストレートとは、安定した球速で、コントロールよく投げられること

私たちが指導の現場で考えていることは、「自立したピッチャーを育てる」ということであり、そこで目指すことは、ピッチングのメカニクスや考え方、そしてコントロールよく投げられることやケガをさせないことになります。そして「安定した球速で、コントロールよく投げられること」を目指すべきだと考えています。

この第1章では、ストレートの定義や回転軸や回転数、回転効率など投じるボールにかかる回転に関すること、ストレートにまつわる言葉、コントロールについてなど、ストレートの概論を紹介します。なかには難しく感じる内容があるかと思いますが、自分や選手の「投球の質」を知るためには、持っていていただいたほうがよい知識だと考えています。そのうえで、第2章で紹介するピッチングのメカニズムや、第3章で紹介するコンディショニングの基本を覚え、第4章のトレーニングに進んでください。

図1 バックスピンとは

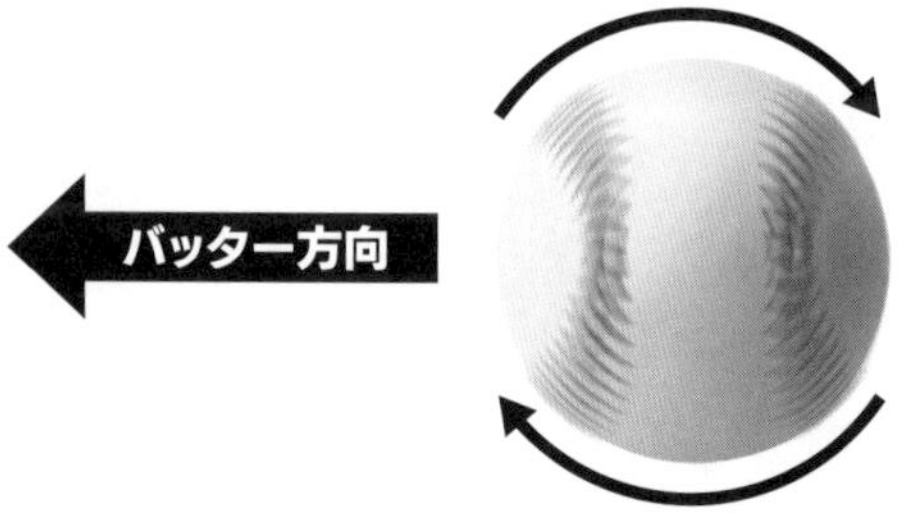

ピッチャーが投げるボールは、キャッチャーに近づくにつれて少しずつ落下する。これは当たり前のことだが、バッターが予測する以上に落ちない（浮き上がって見える）ボールがある。この現象と密接するのがバックスピンである

バックスピンの成分が多い球種がストレート

簡単に言うと、投球されたボールにバックスピンの成分がかかった球種をストレートと定義しています（図1）。

ボールにかかる回転には、バックスピンのほかにサイドスピンやトップスピン、ジャイロスピンなどがあります（図2）。つまりストレートには純粋にバックスピンだけがかかっているのではなく、「まっスラ」と呼ばれるスライド回転がかかったストレートや、シュート回転しているストレートも存在します。そのなかでも、極力バックスピンの成分が多いボールがよいストレートと言えるのです（完全なバックスピンのみがかかったボールはあり得ませ

図2 ボールにかかる回転の種類

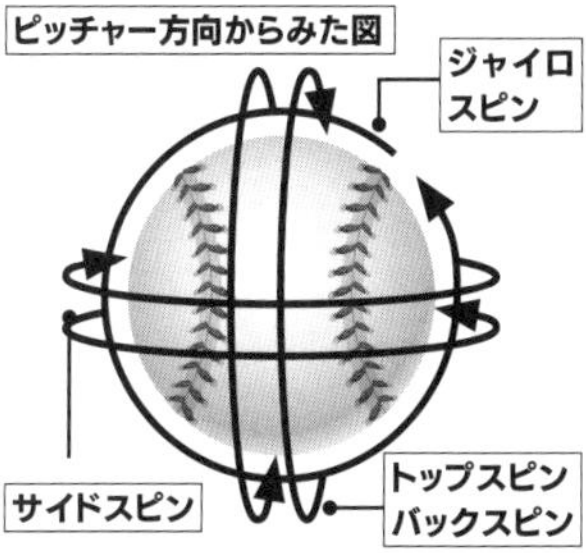

ボールにはこれらの回転がかかる。どれか1つの回転だけがかかることはなく、どの回転の成分が多いかによって、変化する方向や変化の仕方が変わる

図3 最も球速が出る投球位置

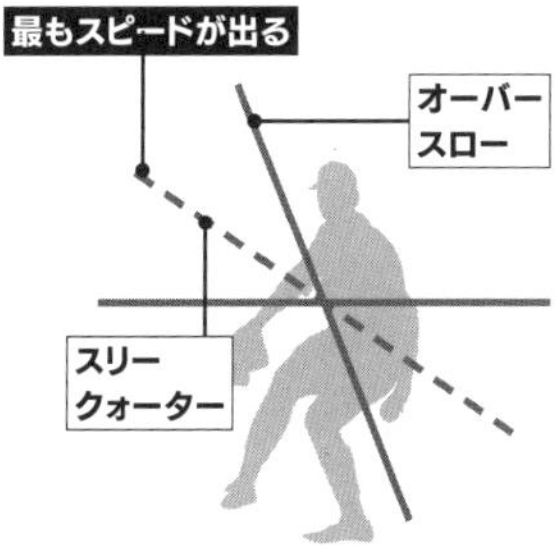

サイドスローからオーバースローにかけての間（4分の3）辺りが最も球速が出る投球位置と言われている

んが）。

もう少し言えば、よいストレートというのはホップしているように見える変化球でもあります。まったく変化しないボールはありませんので、見た目はボールに回転がかかっており、ピッチャーやバッターから見たときに、上方向に向かって変化する球種が、ある意味ストレートの定義とも言えます。

ちなみに投げ方にはオーバースローやスリークォーター、サイドスローやアンダースローなどがありますが、一般的にストレートの球速が出るのはオーバースローとサイドスローの間のスリークォーター辺りが多いと言えます。

なお、野手が投げるボールは横や斜めから投げるためにシュート成分が多くかかっており、ピッチャーの投げるストレートとは少し異なります。

よいストレートとは？

図1 ボールの横の軸

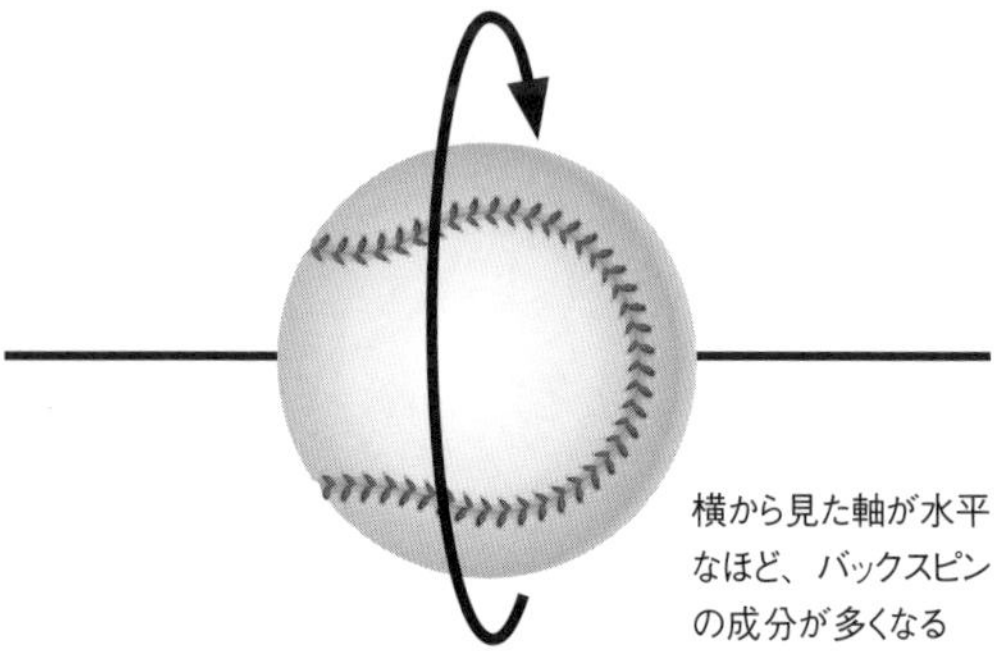
キャッチャー方向から見た図
横から見た軸が水平
なほど、バックスピン
の成分が多くなる

より水平に近い軸と回転数と球速が高い

よいストレートとは、先ほども述べたようにバックスピンの成分が多いことであり、基本的には横の軸が水平に近いことです（図1）。また上から見たときも進行方向に対して直角の軸に近くなっていることが、よいストレートの定義になってくると思います。さらにそのボールの回転数が多く球速が速いほど、よりよいストレートになっていきます。歴代のプロ選手のなかでよいストレートを投げていたのは、江川卓氏と藤川球児氏です。この2人のピッチャーはずば抜けたストレートを投げていました。

表1 回転数と回転軸の比較

	回転数（毎分）	初速（km/h）	回転軸傾き（度）
優れたピッチャー	2500〜2700	145	5〜10
プロ平均	2200〜2300	145	20〜30

表2 ピッチャーの投球の質の違いの例

投手A

球種	球速（km/h）	回転数（rpm）	回転効率（%）	縦の変化（cm）	横の変化（cm）
ストレート	137.2±4.1	2205.5±112.0	98±2.0	46.8±6.7	22.5±6.9
カーブ	114.3±3.5	1949.1±135.8	92±5.5	-48±3.8	-15.9±6.0
スライダー	128.6±3.2	2165±86.4	40±13.5	18.3±6.8	-0.7±6.1
フォーク	128.3±3.4	826.7±310.1	78±15.1	7.5±12.5	19.9±5.4
スプリット	129.6±2.7	1257.2±270.5	82±14.1	19.5±11.2	25.3±6.0

投手B

球種	球速（km/h）	回転数（rpm）	回転効率（%）	縦の変化（cm）	横の変化（cm）
ストレート	135.1±5.0	2012.7±98.2	99±1.4	43.0±3.0	27.8±5.6
スライダー	118.4±4.4	2295.2±201.0	51±12.2	-28.8±6.0	-14.4±8.4
チェンジアップ	120.5±4.6	1202±184.4	94±0.1	21.8±5.0	30.9±30.9

ピッチャーが投じたボールは必ず少しずつ落下しますし、バッターに対する進入角度は4〜7度と言われています。ところが「浮き上がって見える」ボールが存在します。この浮き上がって見えるとは実際に浮き上がっているのではなく、バッターが想像していたよりも落下しないというのが正解です。

この落下の量と密接に関係しているのが18ページから紹介するボールの回転数や回転軸、そして球速になります。球速は20年ほど前と比べると少しずつ速くなってきました。その理由はSNSなどの情報により最先端のトレーニング内容を知れたり、その内容を身につけたトレーナーが増えたからです。

一方でSNSの情報は、「どのようなレベルに向けた内容か」などに触れていないため、そのまま練習に取り入れるとケガを招く危険があります。そのようなことのないような情報を本書で紹介していきたいと思います。

ボールの回転数と回転軸と球速

図1 マグヌス力とは

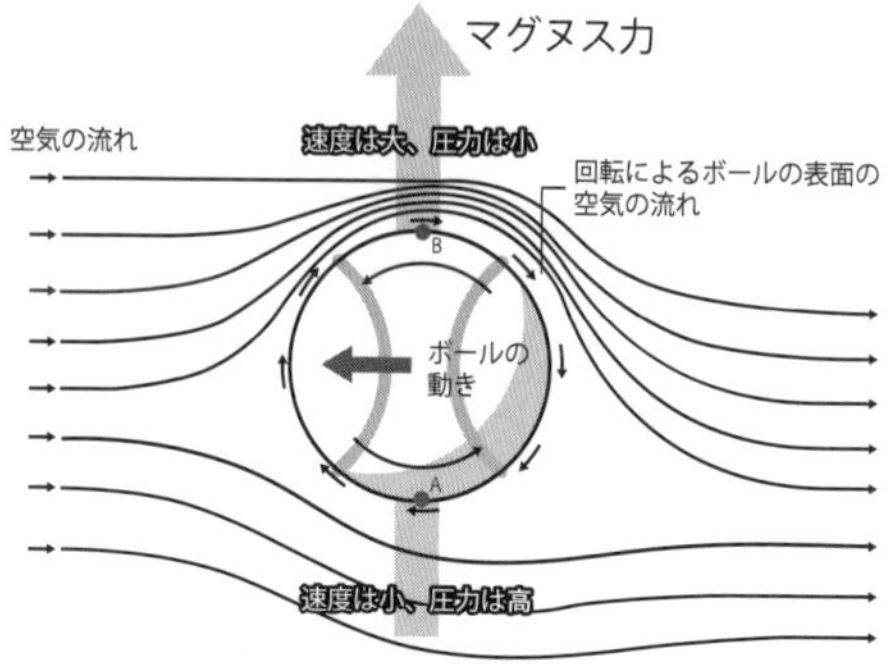

回転している物体に作用するマグヌス力。マグヌス力の方向はボールの回転方向によって変化する。これがカーブやシュートなどの回転系変化球が投げられる理由である

回転数は一人ひとりが持っている基本がある

これまでも文中に出てきた回転軸と回転数を整理します。回転数は正確には「回転速度」を指し、一般的には1分間にどれだけボールが回転したかを測定した数値になります。プロ野球選手の平均は毎分2200回転から2300回転、高校生であれば毎分1800回転から2000回転程度になります。そして回転数が多くなればなるほどバックスピンの場合は上方向に、回転軸に直角方向へ力が働きます。その理由は図1のマグヌス力（揚力）の効果です。

回転軸には横から見た軸の方向と真上から見た軸の方

図2 回転軸

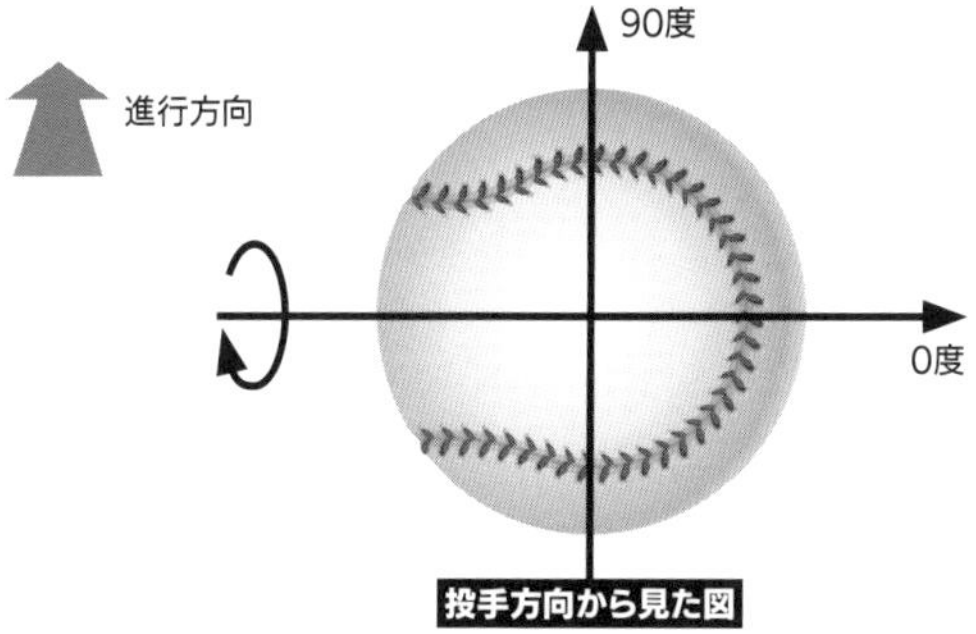

回転軸とは、ボールが回転する際の軸のこと。オーバースローであっても地面に対して20~30度ほど傾いている。回転軸が0度に近いほど伸びるボールとなる

向があり、横から見た軸の方向には1塁側から方向と3塁側から見た方向（左右）があります（図2）。また回転には14ページで紹介したような種類のスピンがあります。

さてボールの回転数ですが、球速と回転数はほぼ比例関係にありますが、個人によって格差はあります。これは投法やメカニクスだけでなく、指の長さや形状によっても異なるところがボールの回転を扱う難しさです。つまり、その人が持つ回転数の基本があることは覚えておきましょう。回転数を計測する機会があり、回転数が少なくても悲観することはありません。少なければそれを活かした投球を行えばよいのです。

このように回転数と回転軸はボールの回転に影響を与えるのですが、実際の指導現場では、回転数と回転軸、そして球速という3つの要素を同時に見ていくことが重要になります。球速が上がると、ボールが伸びているように見えます。そしてこれまで述べてきたように、スト

図3 回転数が多いピッチャーと回転数が少ないピッチャー

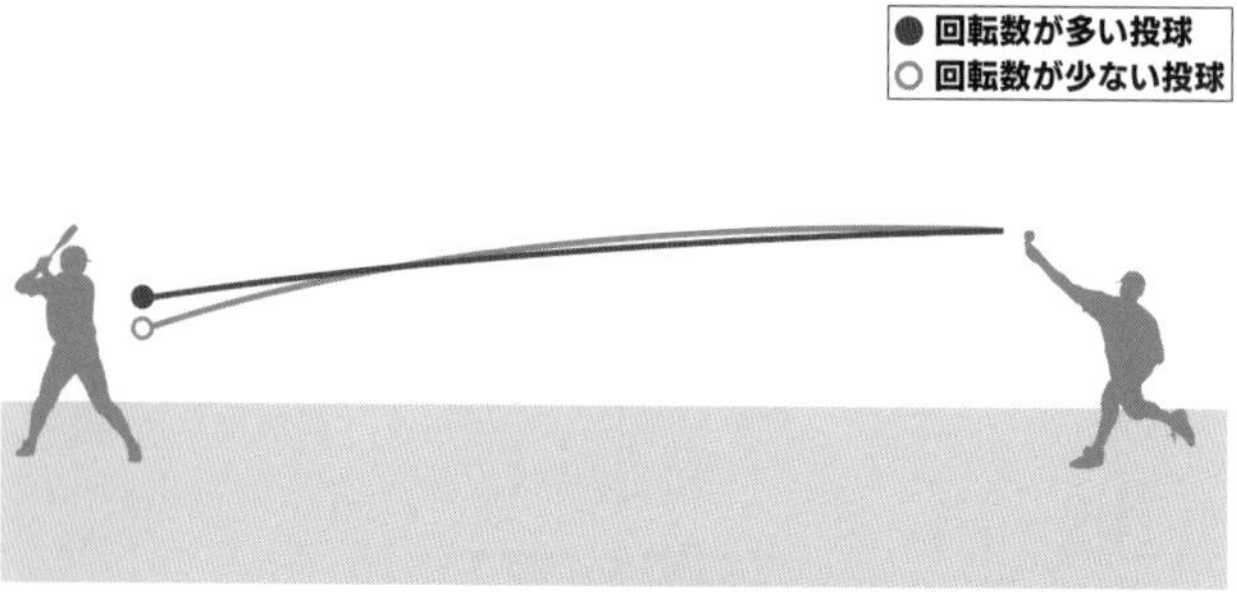

回転数が多いピッチャーは初速と終速の差が大きいため、ボールは空気の抵抗を受けるが、バックスピンによってバッターからはホップしたボールに見える。回転数が少ないピッチャーは初速と終速の差が小さいため、バッターからは迫ってくるボールに見える

レートにはバックスピンの成分が加わります。軸が水平に近い状態でバックスピンがかかるほど揚力を受けやすいため、落下が少なく、バッターにとって打ちにくいボールになります。基本的にスピンがかかっているボールは、空気の抵抗が大きくかかります。そうすると投げ始めの「初速」とキャッチャーのミットに収まる「終速」の差が大きくなります。そのため回転軸の傾きや回転数によっては回転効率が悪いために揚力を十分に受けず、打ちごろのボールになってしまいます。よく「このピッチャーは回転がいいから初速と終速が変わらない」と言われますが、実際は逆で回転がいいと終速は遅くなるのです。逆に回転が少ないと空気の抵抗が少ないので初速と終速の差が小さく、バッターから見ると「ドーン」と迫ってくるような感じのボールになります。言葉のあやというか、表現として難しいところもありますが、回転数が多いとホップしているように見え、回転数が少ない

図4 3つの要素を同時に見る

回転軸
球速
回転数
3つを同時に見ていくことが重要

回転数と回転軸、球速という3つを同時に考えることで、ボールの質を変えずにより
レベルの高いストレートが投げられるようになる

とドーンと迫ってくるのです。

3つの要素を見ることでピッチャーの変化とボールの質がわかる

回転数と回転軸、球速の関係について、もう少し解説します。この3つの要素は「ボールの質」を比較する際に重要で、例えば何球か投じるなかで「回転数と球速はほぼ変わらず、回転軸だけが異なる」のように、どれか1つの要素が異なるというような見方をします。

とくに回転軸はその日のコンディションが表われるため、私たちは回転軸の状況を観察することが多くなります。また回転数はフォームを変えたり、体の連鎖が上手に使えるようになったときなど、投げ方を変えたときに大きな差が出やすく、球速はトレーニングの成果として表れることが多くなります。

図1 ジャイロ角度

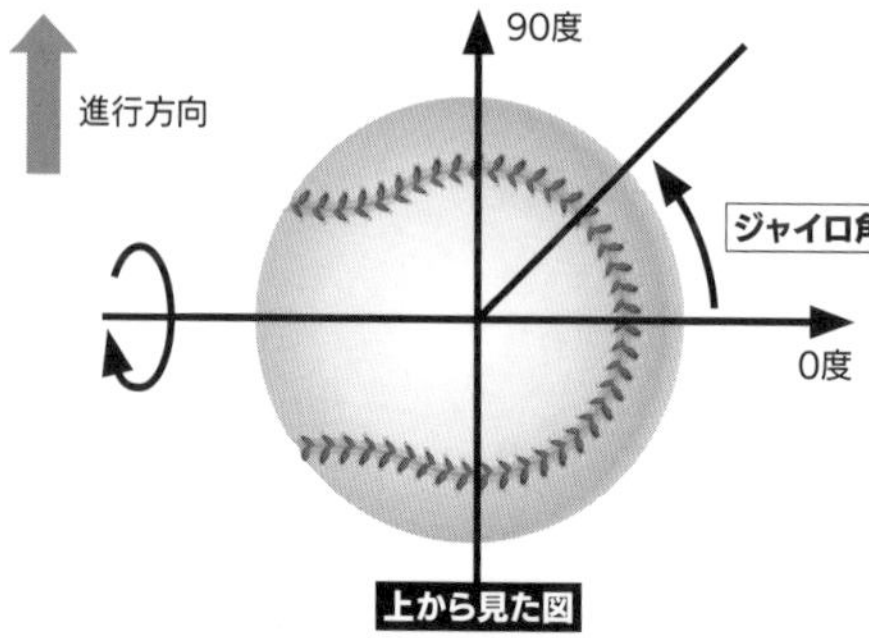

上から見たジャイロ角度。この角度が大きくなるほどジャイロ成分が多くなる。ジャイロ角度が大きいほど変化球としては優れた変化をもたらす

ジャイロ成分が増えるほどバックスピンが減ってしまう

回転効率とは、すべてのスピン量のうち、ジャイロスピン以外のスピンが占める割合になります。

バッターに対して、上から見て真横に近いほうに、そして投球方向に対して直角に軸があればいいのですが、軸がずれるときがあります（図1）。これがジャイロ成分と呼ばれるもので、ジャイロボールは完全に揚力を受けないため、ボールの上と下の空気抵抗がまったく同じになってしまいます。つまりジャイロ成分が増えるほどストレートの伸びが減ってしまうため、バッターにとっては打ちやすいボールになるのです。

回転効率とは

回転効率は、投じたボールにかかるバックスピンやトップスピン、サイドスピンが占める割合を指す。ストレートではバックスピンの割合が重要で、回転効率がよい（数値が高い）ほどバックスピンがよくかかったボールということになる。

回転効率の目安＝ジャイロ角度が20度以内

これがいいピッチャーとそうでないピッチャーや、コンディションの境目になる

優れたピッチャー＝ジャイロ角度が10度以下

よくないピッチャー＝ジャイロ角度が20度以上

回転効率は80〜90になってしまう

クロスするボール（右投手ならば右打者の外角）

回転効率は内角に比べて低くなる

図1のように角度が0に近ければ近いほどよいストレートになりますが、角度が20〜30度になってしまうと、球速が出ているのにバッターにとってはあまり脅威を感じないボールに見えてしまいます。同じ球速と回転数でもジャイロ成分の量で打ちやすさが全然変わってくるため、回転効率は重要なファクターになります。

近年はトラックマンやラプソードなどの最新機器でジャイロ成分の計測ができますが、機器がなくてもジャイロはうずを巻いたように見えるため、見た目でも十分に判断ができます。

本来は下半身を鍛えて、下半身で生み出した力を腕に伝えて投げます。ところが上半身を中心に鍛えてしまうと、腕の動きが身体の回転に合わなくなり、無理に腕を振ってしまいます。そうすると回外から回内の動きがスムーズに起こらなくなり、ジャイロ成分が増えてしまうのです。

図1 回転数が大きいピッチャーと小さいピッチャーのリリース

回転数が大きいピッチャーのリリース　　回転数が小さいピッチャーのリリース

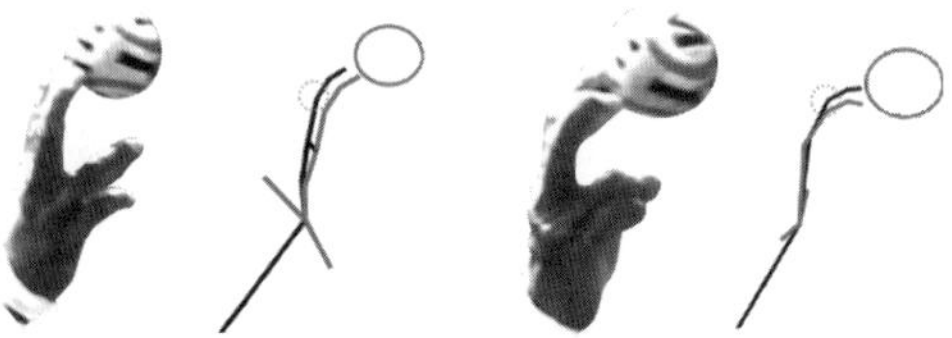

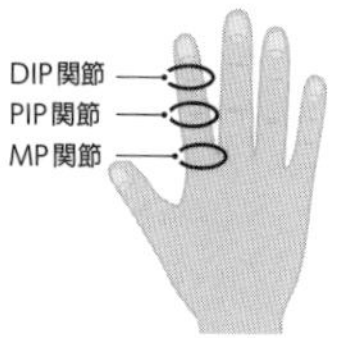

第2関節（PIP関節）が伸びながら第1関節（DIP関節）は曲がろうとしている。その差が回転数に影響する

中指と人差し指でリリースをする

よいストレートを投げるために必要な身体の使い方や構造については、第2章以降で詳しく紹介しますが、ここでも少しだけ紹介をしておきます。

どうしたらバックスピンがかかるのかという視点で考えると、下半身から上半身に力を伝え、最後は指でしっかりとリリースすること、特に中指と人差し指でリリースをすることが何よりも大事になります。いろいろな要素がありますが、最終的にはリリースの仕方が重要です。

よいリリースを「ボールを切る」と言いますが、この動きは、①ボールを指の中で転がせる（約7㎝）、②第二

図2 エネルギーの発生源として貢献する関節トルク

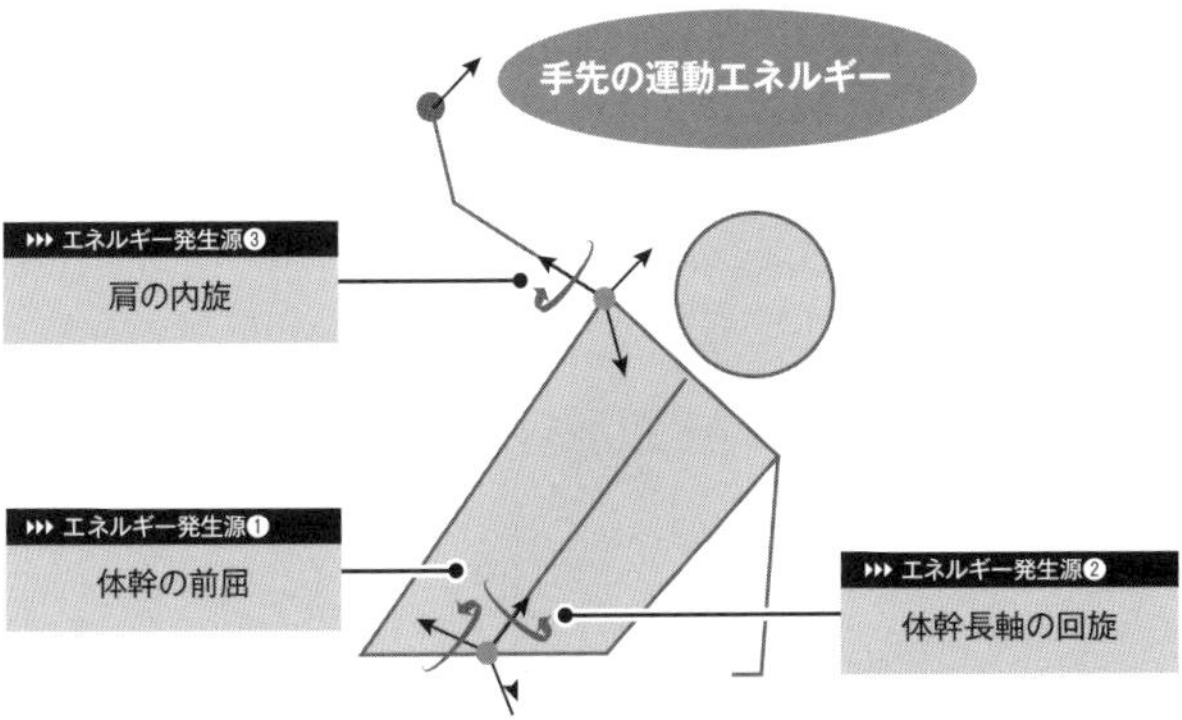

①から③のように連動させて体を使うことで、ボールに大きな力が加えられる

関節は伸展させてボールの抵抗を受け止める、③第一関節を屈曲させて最後にボールを引っかけるという流れになります。

また腕を速く振る必要があります。そのためには腕を大きくしならせ、しなりをしっかりと返していく動きが必要になります。腕をしならせる動きには2つあり、1つはヒジが上がった時に身体の回転を起こすことで、腕が返るという動きです。もう1つは水平内転と言いますが、水平に腕を返していく動きになります。この力がしっかりと発揮できることにより腕が後ろに返ります。関節トルク（図2）といって肩甲骨とともに上腕も使って腕を前に出すような動きができれば、それがしなりを作るということにつながり、結果的に内旋を速くすることになります。

ストレートの質を表す言葉と意味

図1 重たいボールとは

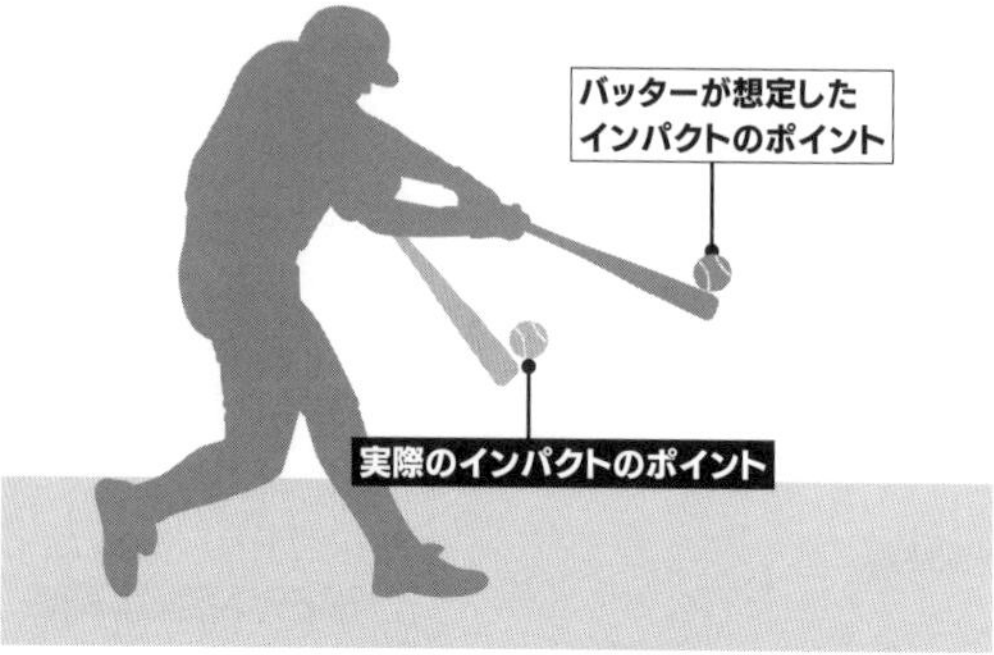

重たいボールは空気抵抗が少ないために到達時間が早い。つまりバッターがイメージしたよりも到達時間が早くなるため差し込まれてしまう

言葉の定義と感覚が混じっていることが多い

以前、ストレートの質を表す言葉の定義を調べたことがありますが、いろいろな捉え方があり、結論には至りませんでした。質を表す言葉には正解はなく、いろいろな方がそれぞれで考える「言葉の定義と自分の感覚」を混ぜています。とくにキレと伸びは混同しやすく、「私はこう考える」という人の意見に「それは違う」となるわけです。このページでは、私川村の定義としてそれぞれの言葉の意味をまとめます。

まず「重たい」と感じるボールについて述べます。このように感じるボールは基本的に回転数が少なく、初速

図2 軽いボールとは

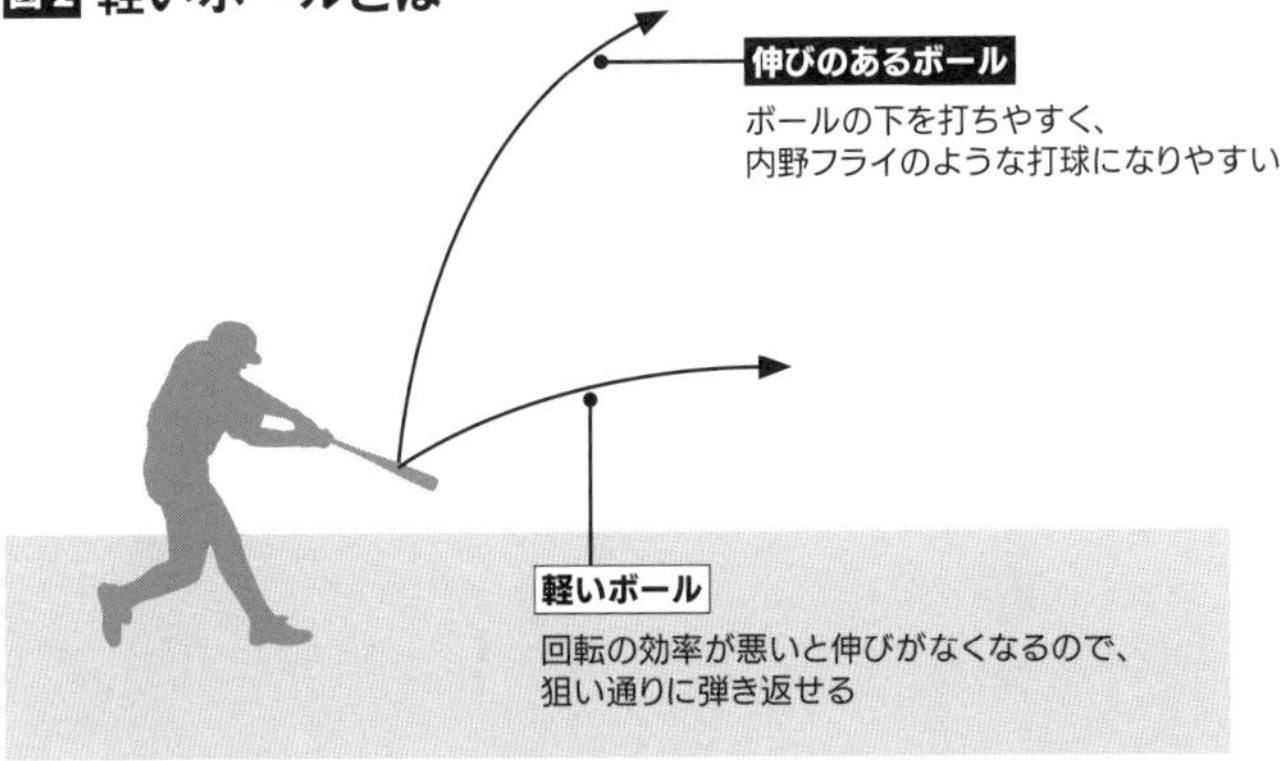
伸びのあるボール
ボールの下を打ちやすく、
内野フライのような打球になりやすい
軽いボール
回転の効率が悪いと伸びがなくなるので、
狙い通りに弾き返せる

軽いボールと伸びのあるボールの球速が同じであっても、軽いボールは回転効率がよくないため、ボールの伸びがなく捉えられやすくなる

と終速がほとんど変わりません。そのためバッターがここだと思ってバットを振っても、その予測や感覚よりも速くボールが手元に到達します。よく表現で出てくる「ボールが迫ってくる」ように感じるわけです。そのようなボールに対してキレを感じたり、重さを感じたりします。

また回転数が多くて回転軸の傾きが少ないと「伸び」というボールになります。初速と終速に差がありますが、回転数が多いことで空気抵抗をしっかりと受けるため、ボールが浮いて見えるという特徴があります。

そして「軽い」ボールとは、回転数が多くても回転効率が悪いという、一見すると球速は出ているのですが、バッターに弾き返されてしまうときに使います。回転効率が悪いために「伸び」がなく、打ちごろのボールになってしまうのです。

図1 よいリリースポイントとは

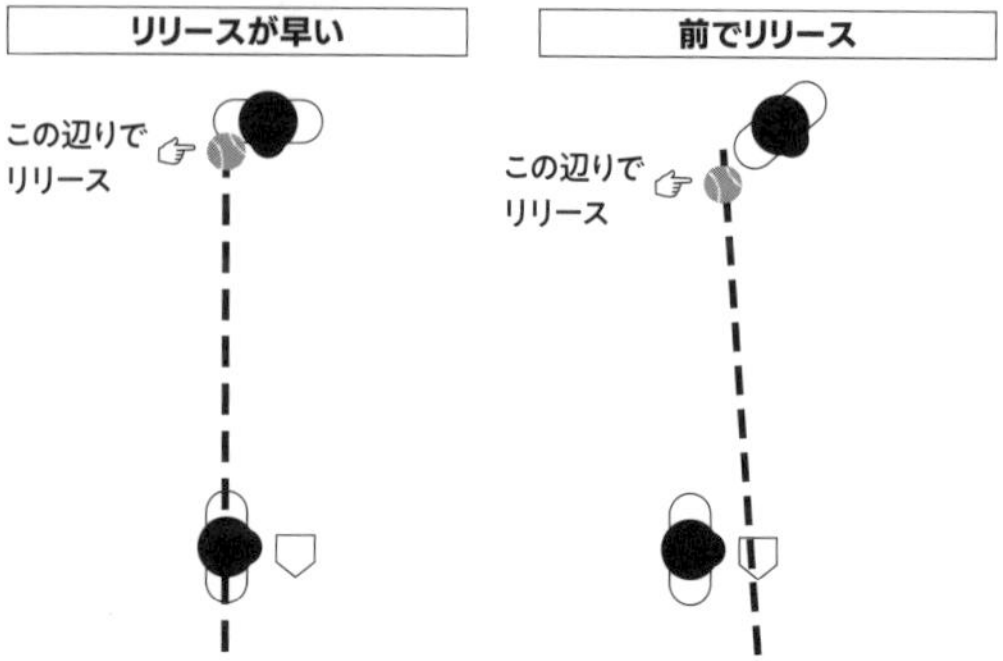

左のほうはボールに与える回転数が最大になるものの、コントロール精度が下がる。右のほうは回転数は抑えられるものの、コントロール精度が高くなる

身体が回転したところでリリースをする

いいストレートで重要になるコントロールについても紹介しておきます。

コントロールを安定させる（制球力をつける）ためには、しっかりと身体が回転したところでリリースしていることが重要になります。このことをよく「身体の前でボールを離せ」と言ったりしますが、ただ単に腕を前に出すのではなく、胸椎や股関節がしっかりと回旋したところでボールを離すということが正しい表現になります。

腕を目一杯伸ばしたところでリリースしようとすると、図1の左のように「バッターの頭の辺り」でボールを投

図2 リリースポイントの位置

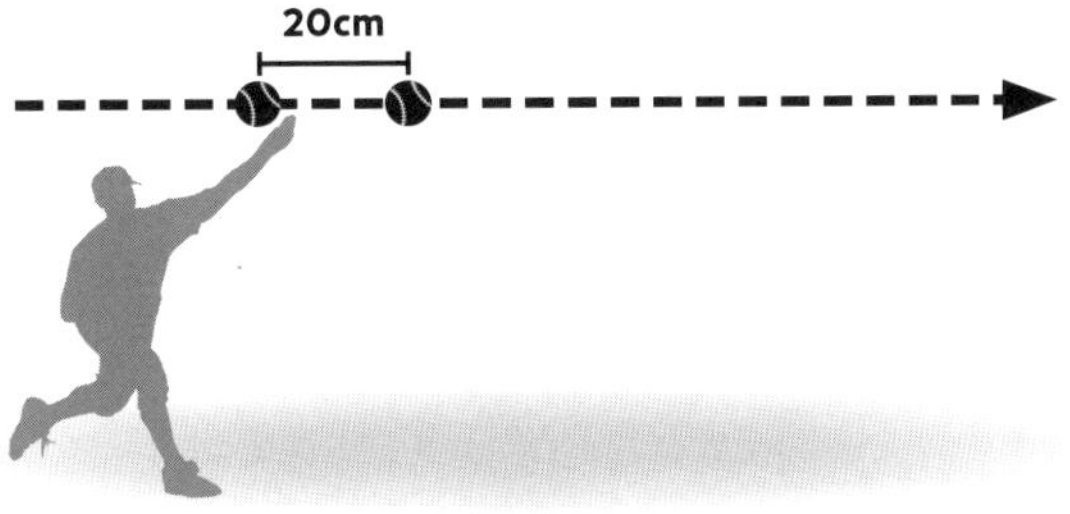

リリースポイントを実際に測定してみると意外とばらけている。前後のブレ幅が、20センチ程度ずれていることも少なくない

じることになります。この位置はボールが体から最も離れた位置になり、ボールに加わる回転数が最も大きなところです。しかし投じたボールには遠心力などが働くためボールを制御することが難しく、コントロール精度が下がってしまいます。

コントロール精度を上げるためには、図1の右のようにストライクゾーンの辺りでリリースすることが必要です。そのためには先ほど述べたように、股関節に身体が入ってくる感じで腕を回してリリースするという非常に特殊な動きが求められるのです。

また、制球力が高いピッチャーでもリリースポイントには20センチ程度の差があることもあります（図2）。元々リリースポイントにはそれ以上の差があったものを、「この辺りでボールを離すと高めに行ってしまう」「手の位置をもう少しかぶせたら低目に投げられるか？」など、自分で調整をしながら数多くボールを投げていくことで

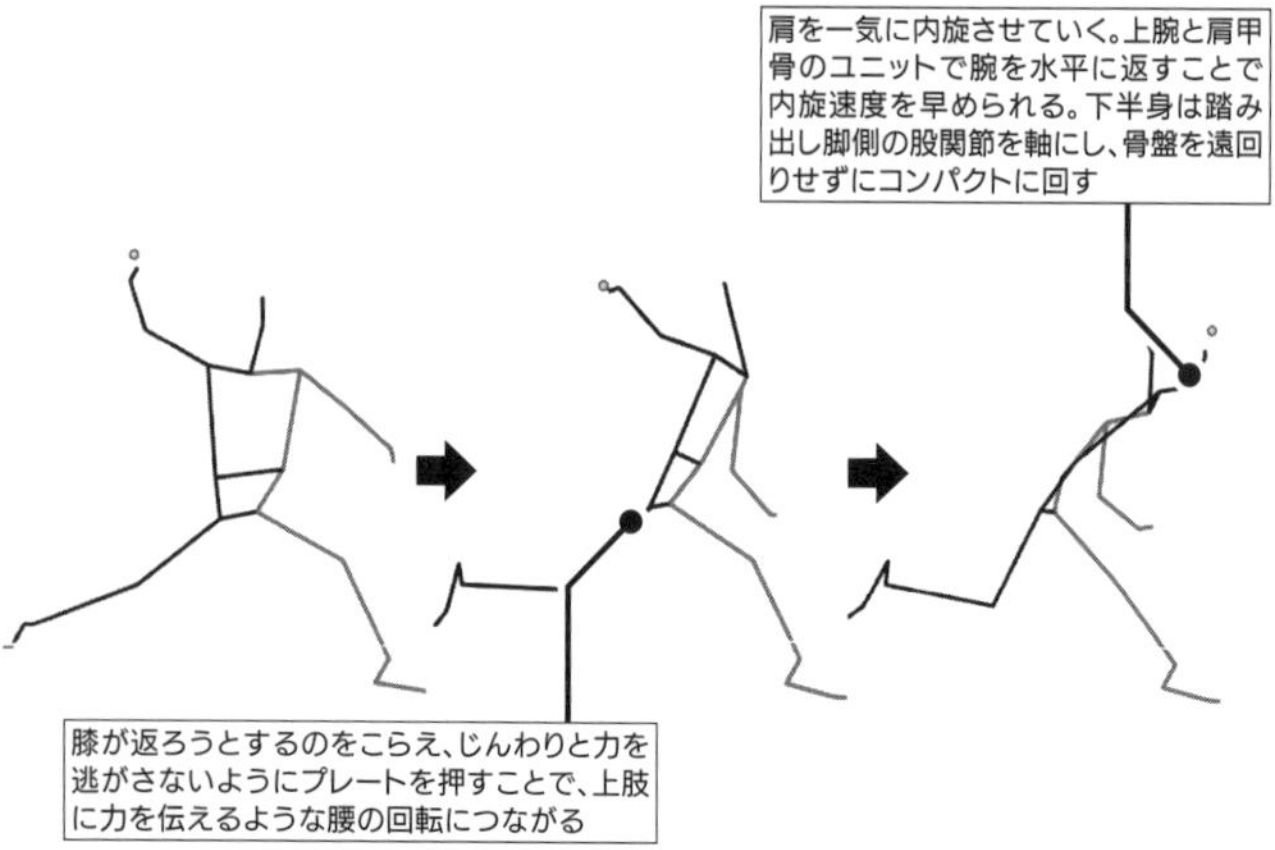
肩を一気に内旋させていく。上腕と肩甲骨のユニットで腕を水平に返すことで内旋速度を早められる。下半身は踏み出し脚側の股関節を軸にし、骨盤を遠回りせずにコンパクトに回す
膝が返ろうとするのをこらえ、じんわりと力を逃がさないようにプレートを押すことで、上肢に力を伝えるような腰の回転につながる

身についていきます。そのためある意味、練習量ややり方によっては、「コントロールは習うより慣れろ」という要素があることも知っておいてください。

正しいメカニクスを体に覚えさせる

先ほど「数多くボールを投げていく」と述べましたが、闇雲に投げ込みをすればいいということではありません。ピッチングの正しいメカニクスを身体に覚え込ませる意識やトレーニングが必要になります。特に常に100%の力で投げるのではなく、60%や70%の力でやや身体の力を抜いた状態で投げられるかということも、安定したコントロールにつながってきます。

目指したいことは、腕の振りを一定にして、リリースポイントをある程度安定させることであり、これはよいコントロールに必須となります。リリースポイントを安

図3 ピッチングのメカニズム

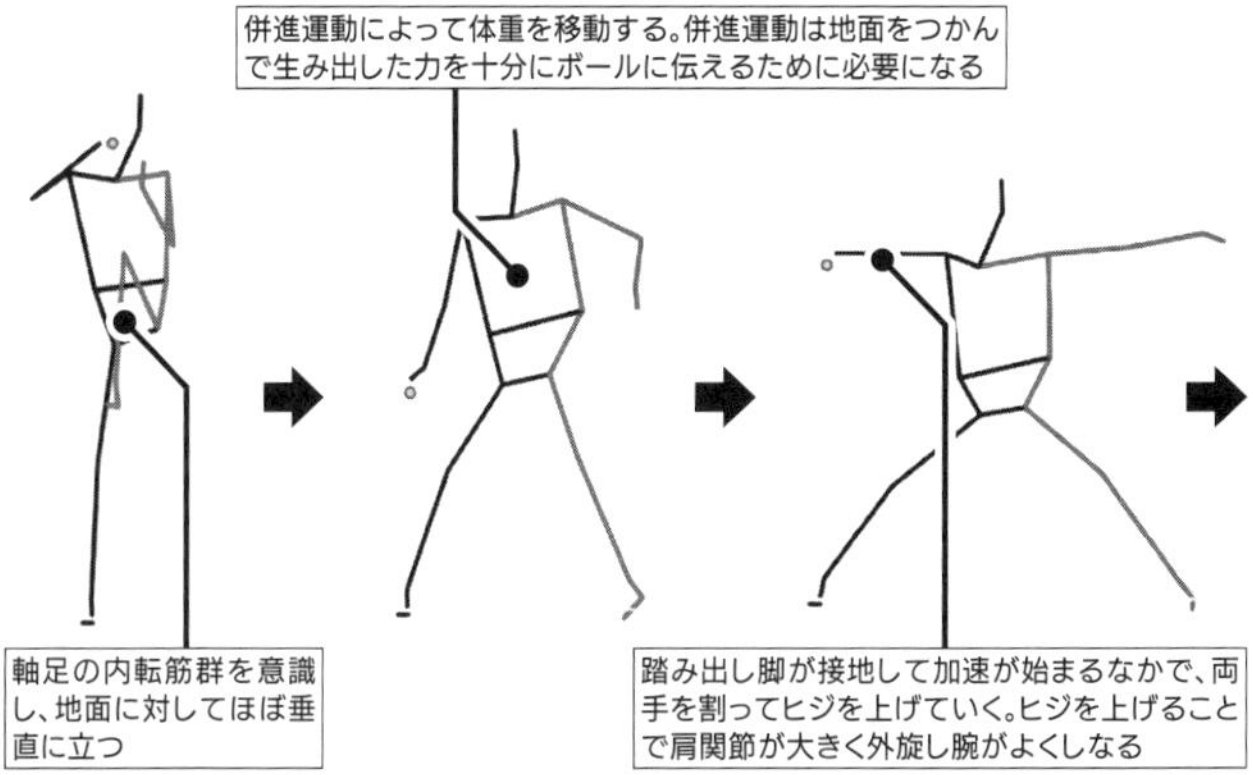
併進運動によって体重を移動する。併進運動は地面をつかんで生み出した力を十分にボールに伝えるために必要になる
軸足の内転筋群を意識し、地面に対してほぼ垂直に立つ
踏み出し脚が接地して加速が始まるなかで、両手を割ってヒジを上げていく。ヒジを上げることで肩関節が大きく外旋し腕がよくしなる

定させるためには、下半身の安定性が大切になります。

また先ほども述べたように、腕を上から振ることが必要で、そのためには前脚が接地したときに、ある程度肘が肩まで上がっていることが重要になります。

さらにリリースを迎えるまでに、股関節がランジの姿勢を保ったまま腕をしっかりと回せるかということも大きなポイントになります。よい姿勢を保つためには、腹圧や下腹部、股関節のジョイント部分の力が抜けないような身体の使い方をすることも、とても重要です。

とにかく安定したピッチングをするために、またリリースで無駄な力を入れないためにも、腹圧や腸腰筋は絶対に必要になります。これが非常に難しいため、一流とそうでない選手の差として表れやすいのです。本書では「よりよいピッチングのメカニズム」と「そのために必要な筋力や身体の動かし方」を中心に、詳しく紹介していきます。

コントロール精度を高めるトレーニング

放物線を描く山なりのボールを投げる。投げる際の指先の感覚に意識を持つ

視線や体の向き、つま先の向きや意識をゴミ箱へ向ける

山なりにボールを投げるパラボリックスロー

第4章のトレーニングではコントロール精度を上げることに特化した内容がないため、ここで紹介します。

ピッチングの本質は、安定した下半身のなかで上半身が暴れているという動きになります。下半身はしっかりと力の発揮するだけでなく、姿勢の保持や維持することも大事な役割です。そして下半身によって安定させた土台の上で上半身をしっかりと使い、ボールを投じるときの調整を指先、主に人差し指と中指で行います。これらの運動が連鎖することで、コントロールの精度に影響が出てきます。

CHECK POINT

意識する箇所

視線や体の向き、つま先の向きや意識をゴミ箱へ向ける

注意点

適度な放物線を描くように投げる

パラボリックスローの後に2〜3割の力での投げ込みを行う

パラボリックスローは、約10m離れたところから、ゴミ箱（高さ150cm 直径43cm）にボールを投げる練習です。要領としてはバスケットボールのフリースローに近く、肩やヒジに負担をかけずに、コントロール精度を上げることができます。実際に10m離れたゴミ箱へ放物線を描くように投げる練習を繰り返すと、コントロールは明らかに向上したという結果が出ました。野球界で以前から言われていた「スローボールは制球力を上げるための練習になる」ということが証明できたのです。

このトレーニングではゴミ箱にボールが入るか入らないかは重要ではなく、狙ったところに放物線上にボールを投げることを繰り返すことに意味があります。

高校生以上にとってはより細かい制球力が必要になるため、このパラボリックスローと組み合わせて、例えば5〜6割の力での投げ込みを行いましょう。そのくらいの力で投げることで、肩への負担が少なくなります。

COLUMN

川村卓から見た井脇毅

私と井脇さんは大学の同級生で私がコーチ、井脇さんがトレーナーと、ともに野球の世界で生きてきました。特に私がパフォーマンス向上を目指すのに対して、井脇さんは選手のコンディションと体力強化を図るトレーナーとして活躍されています。私は大学野球、井脇さんはプロ野球やパラリンピックの選手など違うフィールドで活動してきましたが、最近は本学の学生を診てくれたり、一緒に仕事をすることが多くなっています。特に私が選手のパフォーマンス向上を図るときにその選手がケガをしないように留意する点を指摘してくれたり、コンディションを整える方法を教えてもらったりしています。彼はゴッドハンドと呼ばれるマッサージの高いスキルがありますが、きちんと解剖学の知識があるため、筋肉や骨のことはもちろんのことその筋の起始・停止も詳しく把握しているので間違えることがありません。このことを理解しているトレーナーは少ないと思います。また、コンディショニングだけでなく、野球選手に必要なトレーニング指導をすることにも長けており、私は非常に頼りにしています。

第2章

よいストレートを投げるメカニズム

第2章以降の誌面展開について

それぞれの役割や視点から動作を説明していく

この章ではよりよいストレートを投げられるようになるために、投球のメカニズムについて解説していきます。私、川村が「投球に関わるバイオメカニクス」と筑波大学硬式野球部の監督という「指導者」としての立場の両面から、投球のポイントについて説明します。また共同執筆者の井脇氏には、トレーナーとしての立場や考え方から、要所要所で知見を述べてもらうという構成にしています。

近年はインターネット（SNSやYouTubeなど）で情報を得やすくなったこともあり、よく「このトレーニングをやれば必ずボールは速くなる」というような表現を目にすることがあります。私や井脇氏からすると、こういった考えには大きな危険が潜んでいるように思えます。本来はどんなトレーニングであれ、①人間の身体の仕組みや投球におけるメカニクス（フォーム）を理解する、②選手個々の身体の特性や能力、成長度合いやコンディションを見極めて指導をするといったことが必要で、これらの知識が欠けていたり、選手の技量を無視して得た情報通りのトレーニングを強制すれば、大きな故障につながることもあります。

私も井脇氏も、「選手のパフォーマンスをアップさせる」という目的や目標は同じですが、何らかのトレーニングを取り入れようとするときは、双方の視点から内容を確認し、実施をします。これは双方の役割や視点が異なるからこそできることであり、本書でも私たちだからこそ伝えられるように、冒頭で述べたような構成をしています。

最低限の身体の構造や役割を知っておく

例えば大柄な選手がいて、なかなか下半身から上半身への伝達が上手くいかない場合に、わざと身体を流して（例えば一塁方向に倒して）、よくないメカニクスを求めたりすることがあります。常に理想のフォームばかりを追い求めるわけではないのです。これは大きな矛盾で、トレーナーの立場からしたら、反対されると思います。もちろんケガにつながる危ない場合は止めますが、コーチ・監督としては競技を続けていく中で、成功する体験を持たせる、成長してもらうことも役目のひとつだと考えています。そのうえで、しかるべきときに理想のフォームに戻すようにはしていますが、このバランスは長年指導をしていても難しいところ、というのが本音です。ただがむしゃらに汗を流すだけではなく、身体の働きと、選手の能力、トレーニングの目的をはっきり見極めて、選手たちの将来を考えながら、怪我なく有益な練習で成長していってもらいたい。これが私たちの望みであり、本書で一番お伝えしたいことになります。その前提として、人の身体についての最低限の知識を持ってもらいたいと考えています。「人の骨格と関節」「投球で主に使う筋肉」「関節の動き」などについての知識も広めながら、トレーニングに励んでもらいたいと思います。

ピッチングの7つの局面

⑤アクセラレーション　⑥リリース　⑦フォロースルー

本書ではピッチングの局面を
この7つに分けて紹介する

ピッチング動作を局面ごとに解説する

ピッチングの局面は、いくつかの分け方ができます。一般的には①ワインドアップ局面、②コッキング局面、③加速局面、④フォロースルー局面という4つの局面で考えることが多いのですが、本書では上の図のように7つの局面に分けています。

まずは、それぞれの局面の動きを簡単に紹介します。

①ワインドアップ局面➡振りかぶる動作から踏み出す足を上げ、軸足（プレート側の足）で立つまでを指します。

②ステップ局面（踏み出し脚の着地）➡併進運動で体重を移動させて踏み出し脚が着地するまでを指します。

③アーリーコッキング局面（ヒジを上げはじめる）➡踏み出し

図1 7つの局面

足が着地して加速が始まる中で、両手を割り、投げるほうのヒジを上げていく場面を指します。

④レイトコッキング局面（肩関節が最大外転・外旋に達した状態）➡加速しながら肩関節が最大外旋に達した状態、つまり最も腕のしなりが起こる局面を指します。

⑤アクセラレーション（ボールを離すまで）➡レイトコッキング局面までヒジが上がって最大外旋を迎えていた肩を、このフェーズで一気に内旋させていきます。

⑥リリース➡ボールが指先から離れる局面になります

⑦フォロースルー局面➡ボールをリリースしてから投球動作の終了までを指します。

それぞれの局面で必要な動きを知り、トレーニングに取り入れることで、理想とするストレートを投げられるピッチャーに近づいていきます。次のページからはそれぞれの局面について詳しく解説します。

図1 運動連鎖のイメージ

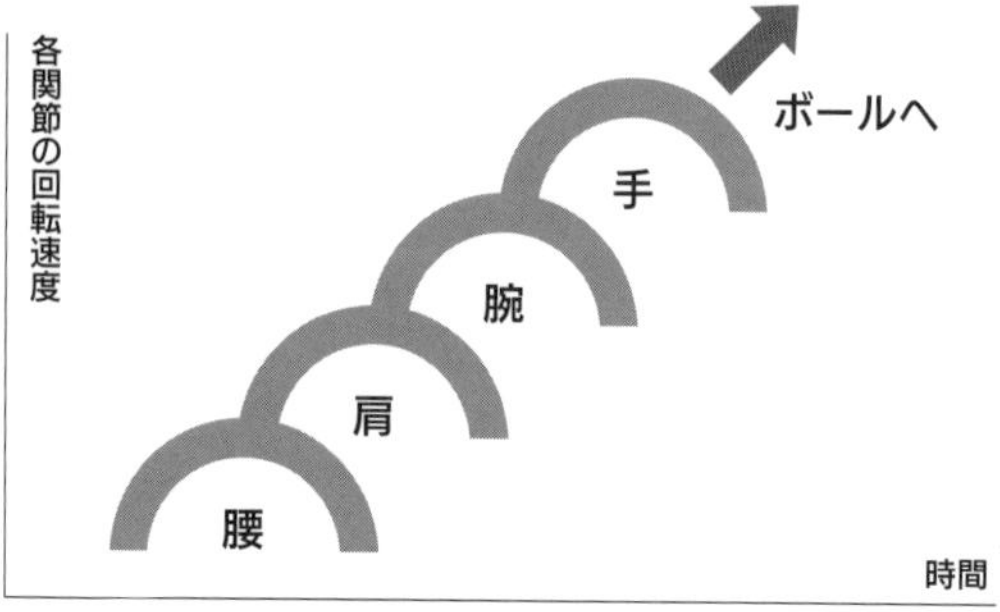

回転速度のピークを迎えたときに次へと伝達するのが理想

このように中心から末端への回転運動でボールを加速させる。身体を効率よく使うことで安定した動作が可能になる

日本人には運動連鎖重視のピッチングスタイルが多い

「ワインドアップ局面」は、振りかぶってから踏み出し脚を上げ、軸足で立つまでを指します。この立った姿勢が、よいストレートを投げる動作のなかでも、非常に大きなウェイトを占めます。ワインドアップ局面（立った姿勢）は、投球のはじまりの動作であり、いくつかの要点を押さえておかないと、後のパフォーマンスに大きな影響が出てきてしまいます。

ここで写真1を見てください。デグロム投手は立った時点でホーム側に軸足が倒れ、投球準備に入っているのがわかります。軸足の内側に体重を乗せて倒れ込んで投

写真1 メジャーリーガーのワインドアップ局面

田中将大投手

地面に対してほぼ垂直に立っていることがわかる。日本では運動を連鎖することでボールに力を伝える投げ方をする。このように運動を連鎖させることで、体格で劣る日本人も効率よく速いボールを投げられる

ジェイコブ・デグロム投手

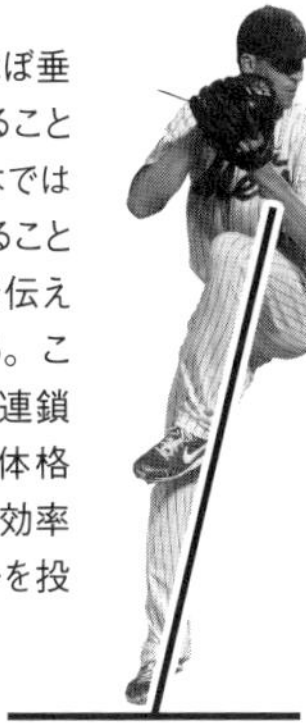

ジェイコブ・デグロム投手（ニューヨーク・メッツ）のワインドアップ局面。田中投手と比べると、重心がホーム方向に傾いていることがわかる。メジャーではこのように立つことで勢いをつけてボールを投げ込む

げ込む動きが現在、メジャーでは推奨されるフォームです。

一方で日本では、まっすぐ立って力をためることを重視します。この違いは、メジャーのマウンドのほうが固いことや考え方の違いなどが理由です。日本では、下半身の体重移動をし回転を経て、上半身を回転させていくという順序の運動連鎖（図1）を重視します。段階的に切り離していって勢いを付けていく、ロケット発射のような投げ方をすると、効率よく、安定して速度を上げることができるからです。一方でメジャーの投げ方は、下半身で勢いをつけたらそれをストップさせ、上半身を倒していくことでエネルギーを生んでいくという力の使い方や考え方をします。

とはいえ、いずれの投げ方にも共通していることは、軸足で立ちながらプレートを効果的に使い、力がたまるようにしていくことです。そのためには、軸足の内転筋群を意識して立つことが必要となります。

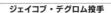

井脇チェック

「立つ」「止まる」要素が今後のピッチングにつながる

図1 理想的な立ち姿勢

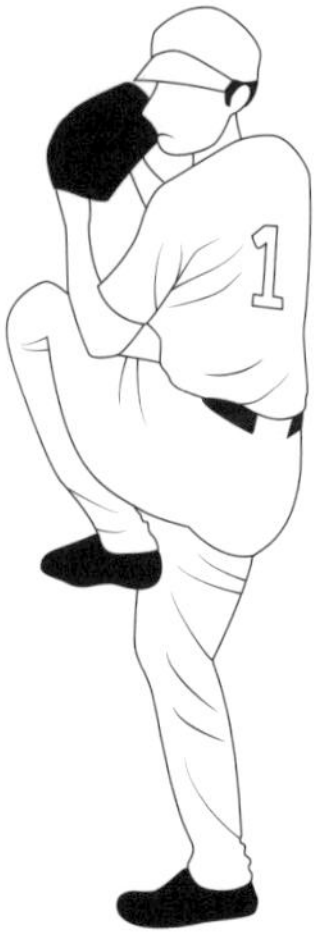

実際の投球動作で意識することは非常に難しいが、基礎機能としては腹圧をしめて大腿部のつけ根の近くを操作して足を引き上げるような意識を持つ。最終的には片足でしっかりと止まれることが重要

全ての基本機能「片足で立つ」

ピッチングでは様々な足の上げ方がありますが、それが当人におけるフォームのリズムや連動性につながっています。その大前提となるのが「片足で立つ」で、基本機能のチェックとして、30秒ほどの片足立ちをよく導入します。

足を上げる際は、腹圧（へその下、丹田）と大腿部の鼠径の付け根で引き上げるイメージで、足の高さは膝頭がへそ辺りを目安にし、目線は下ではなく正面を見据えます。

姿勢保持の際、支持脚の指はしっかり地面を捉え、腹

図2 ワインドアップ局面で大事になるトレーニング

関与するすべての機能が働いていないとキープできない（148ページ）

圧、特に左右の足に近い箇所の力が抜けないように意識します。さらにお尻の横側の中臀筋や内転筋群、座骨付近のハムストリングスが使われているか（張っているか、触ってもらうのもあり）、上げているほうの膝から末端がリラックスしている、などに気をつけます。

ピッチングでは、腹圧や内転筋などを意図的に使って投げることはできません。現象として表れるもので、平素のドリルの中で意識付けをします。

しっかりと片足で立てないと、ピッチング時に支持脚に乗った際、重心が小指側に乗ってふらついてしまったり、支持脚に「外旋」（ねじれ）が生じ、2塁ベース側に身体が流れてから、キャッチャー方向への併進運動が始まってしまいます。そうなるとワインドアップ以降、身体の中心での回旋ができず、腕の動きが遅れてしまい、リリースポイントもずれてしまうのです。ピッチャーが一番気にする代償運動の「外回り」をしてしまいます。

図1 併進移動のイメージ

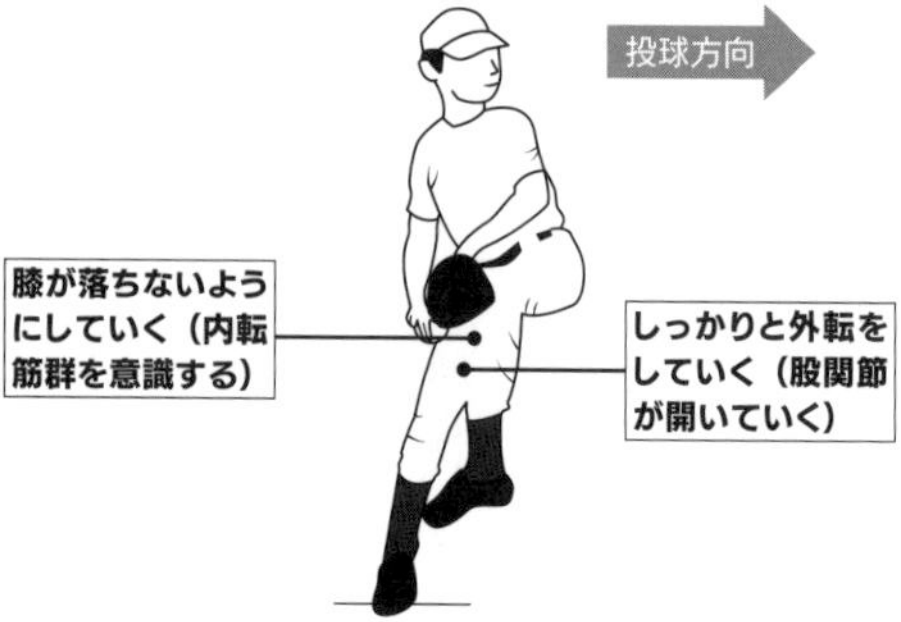
投球方向
膝が落ちないようにしていく（内転筋群を意識する）
しっかりと外転をしていく（股関節が開いていく）

上下に力を分散させずに重心を横方向へ移動させることで、しっかりと足を開いていく。全身で速い球を投げるためには必要な動きになる

軸足側に体重を残しながら足を開く

ステップ局面は、併進運動によって体重を移動する動きになります。併進運動は全身を同一方向に平行移動する運動で、ピッチングでは地面をつかんで生み出した力を十分にボールに伝えるために必要になります。ワインドアップ局面の立った状態から併進運動をするのですが、重心を十分移動させ、上下に力を分散させずに横へ進むことで、力を生み出すことが大事です。ただし、上半身がホーム方向へ突っこんではいけません。着地前に下半身の回転が行われてしまうと、腕の力だけで投げるしかなくなるからです。併進運動による体重移動のイメージ

図2 併進移動のNG

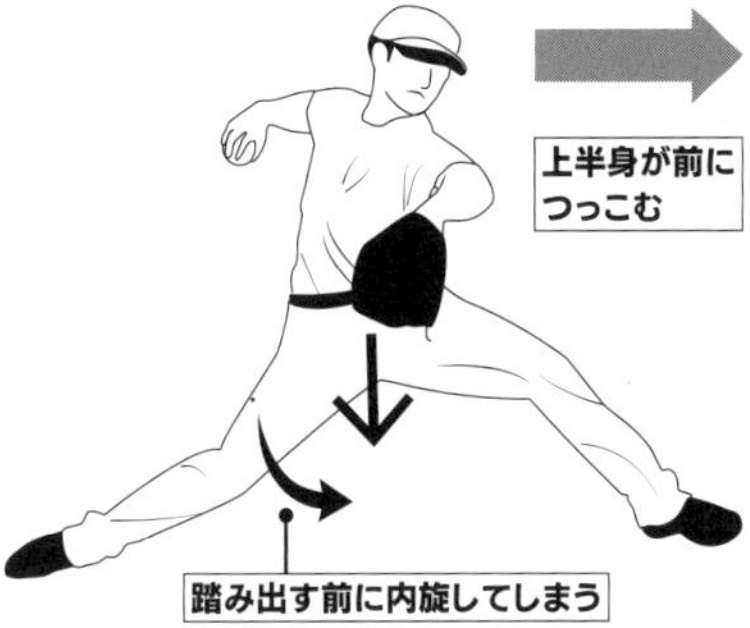
上半身が前に
つっこむ
踏み出す前に内旋してしまう

併進移動をする際に重心がどんどん下がっていってしまう

としては、股関節と膝関節、足首がやや屈曲したスクワットの最初の姿勢のような状態（パワーポジション）になっていることが理想です。

基本的な動きは次のようになります。

①プレートに軸足の力を長く加えるイメージでステップする

②股関節と膝関節、足首が若干屈曲した状態から股関節を入れ、軸足を外転させる――胸から股関節までを一直線にし、プレートを長く使いながら足を大きく開いていく

③タメをつくった状態で、ステップ足を地面に触れるように接地し、着地した足のつま先はホーム方向を向ける

④しっかりと右足の股関節から左足の股関節に体重を乗せ替えながら、左右の股関節を挟み込むように内転させる（骨盤の回旋）。

マウンドの傾斜角度に沿って併進運動を行うことは非常に難しいのですが、より質の高いストレートを投げるためには、必要不可欠な動きになります。

写真1 サイドステップ

サイドステップはシンプルな動作だが、正確に繰り返すことは非常に難しい。背すじを伸ばし上体が傾かないように気をつける

中臀筋や下肢の筋肉を働かせて併進運動をする

併進運動の指標となるのが、サイドステップ（反復横跳び、写真1）です。簡単だと思うかもしれませんが、横跳びを繰り返すうちに上半身が正面ではなく斜め方向を向いてしまったり、上に飛び上がってしまう選手が非常に多いのです。

その理由は、本来足を開く動作（外転）は、股関節の横側についている中臀筋と呼ばれる筋肉を使いますが、この筋肉をうまく使えずに大腿四頭筋を主に使ってしまうからです。

中臀筋を働かせるには、ハムストリング群から連動して内転筋を使えるようにすることが重要となります。内転筋は中臀筋が働くときに反対の動きをする拮抗筋と呼ばれ、これらが一緒に動くことで、上下に力が散ること

図1 ステップ局面の動き

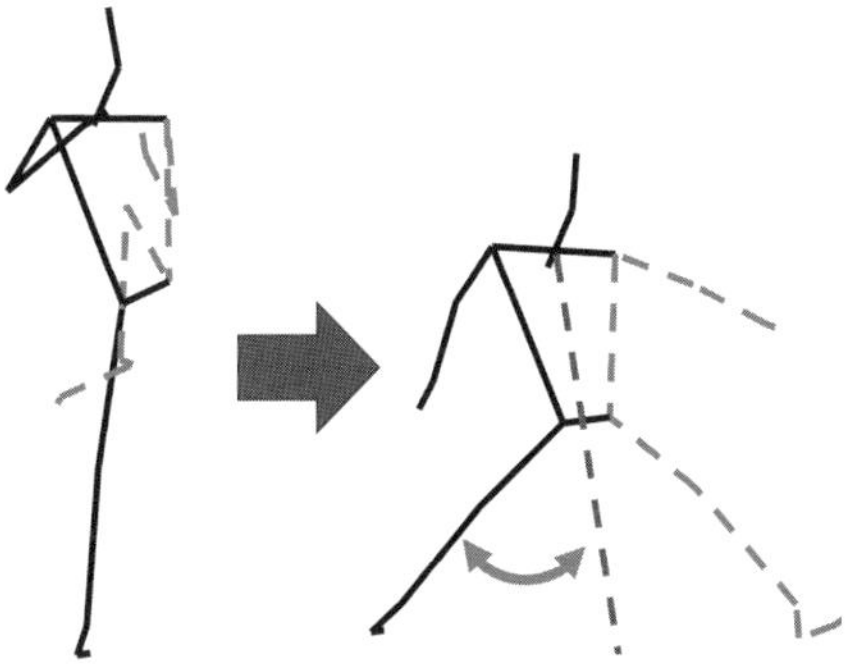

併進運動によって体重を移動する。地面をつかんで生み出した力を十分にボールに伝えるために必要になる

なく、姿勢が保持されたまま動けます。

これらの筋肉が活用できないと上下動が大きくてジャンプするような動きとなり、下半身の力を大幅にロスした投げ方となります。

最近ヒップファーストという言葉をよく耳にします（図1）。踏み出し脚側のお尻が、最初にホーム方向へ向かってから足を開いていく動きのことです。本来であればお尻を出していくときに 軸足側の股関節が内旋した「はまった状態」になっているのですが、軸足側の股関節が最初から大きく外旋してしまい、膝が2塁方向に向いてしまう選手を見かけます。股関節が外旋してしまうとうまく力を溜められないため、速くていいストレートを投げる動きにはつながらなくなってしまいます。動作の本質を理解していないと間違った動きが身についてしまうので、十分に注意してください。

井脇チェック

筋肉は出力だけでなく支持機能や衝撃吸収の役割も持つ

図1 中臀筋

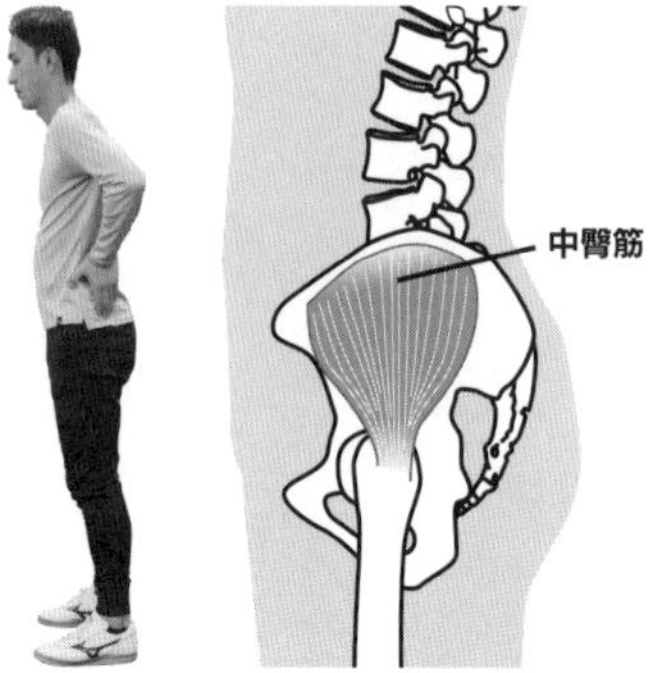

中臀筋は歩行時や片足で立った際に安定性を高めるという役割を持っている

ステップ局面で大事な中臀筋と内転筋群の働き、支持脚と踏み出し脚の独立した機能

筋肉には出力発揮だけでなく、身体を支える役割や衝撃を吸収する役割があります。

ステップ局面以降の下半身では、腹背筋群（腹圧）、中臀筋、ハムストリングス、内転筋群の段階的な活動が重要となります。中臀筋（図1）や内転筋群（図2）の作用は主に股関節の外転と内転ですが、この局面では筋力を発揮することが主目的でなく、支持脚を支える働きとして活動します。

対して踏み出し脚については操作性が求められます。それは股関節周囲筋群と腹圧との協調運動です。この局

図2 内転筋群

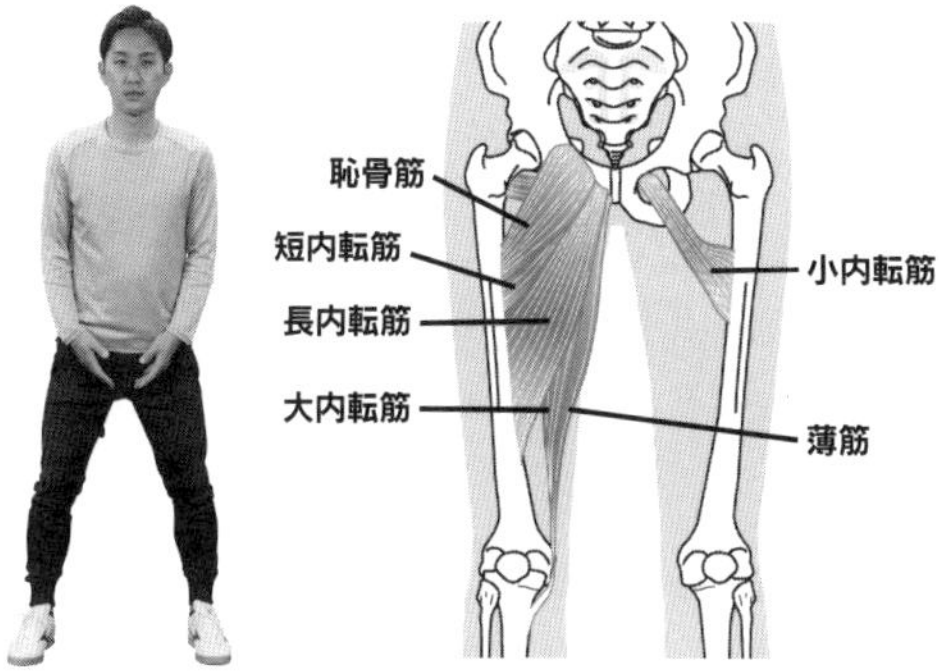

内転筋群の役割の1つに、股関節の動きにあわせて姿勢を制御する働きがある。体が外側に流れないように、バランスを保持するように働く

面では「半身・割り」といった重要な体勢を作りますが、これは「支持脚は姿勢を保持し、踏み出し脚は接地のために操作する」という個々に機能する関係性があるから可能になります。加えて腹圧が効いているか否かで、その機能に大きな差が生じます。

私の施術経験上、プロアマ、投球スタイルに関わらず「いいピッチングをした」「いいボールを投げた」ときは、筋肉の張り方などに共通した傾向が表れています。

一方、ステップ局面の支持脚では「膝を伸展させる＝地面を捉えて蹴る」という大腿四頭筋群の活動を制御する使い方が求められます。大腿四頭筋群が優位に機能すると、併進運動に必要な中臀筋や内転筋群の活動を妨げ、踏み出し脚が接地するまでの我慢する時間が短くなり、タメが少ない状態に陥ります。また接地した時には既に右骨盤の回旋が始まってしまい、下半身からの運動連鎖が乏しくなってしまいます。

写真1 外転型の投げ方

ラジオ体操の種目にある「腕を下ろしてから振り上げる」ような動きになる。ジュニア世代にお奨めの投げ方で、速いボールは投げにくいが狙いを定めやすくケガのリスクが少なくなる

手を割ってヒジを上げ肩関節を動きやすくする

踏み出し脚が地面に着いて加速が始まる中で、両手を割ってヒジを上げていく局面です。ヒジを上げることで肩関節が動きやすくなるので大きく外旋でき、腕がよくしなり、より速いストレートを投げることができます。

まずは手の割り方です。ラジオ体操の両手を広げる運動のように、おへその前で両手を横に広げます。こうすると、リラックスした状態で次の局面へ移行できます。

一方で最近メジャーの選手で多くなっているのは、胸の位置で手を割って早目にヒジを上げる方法です。こちらは、ヒジを上げた瞬間に両肩が回転すれば、そのぶん、

写真2 外旋型の投げ方

はじめにヒジが上がり、それに伴って体が回旋していく動きになる。これによって、腕に大きなしなりが生まれ、球威のあるボールが投げられるようになるが、ケガのリスクも増える

腕のしなりを作りやすくなります。ただ、ヒジを早めに上げたせいでヒジが屈曲しすぎてしまい、身体の回転の力が腕に伝わらないというデメリットが生じてしまいます（担ぎ投げ）。そうなると、さまざまな箇所にストレスがかかり、ケガの原因になってしまうことがあります。

このヒジを上げる動作は肩関節の外旋と外転、両方の働きを使っています。外旋が大きいほど結果的に速いボールが投げられますが、ケガのリスクも高まります。また外旋より外転の要素が大きい投げ方だと、さほど速いボールは投げられませんが、狙いを定めやすく、ケガが少なくなります。とくにボールの重さに耐えきれないジュニア年代（ボールが大きくてうまく握れないこともヒジが上がらない大きな原因になります）などに指導する際には、両手を横に広げ、外転を使った投げ方を奨めます。

図1 下半身の動き

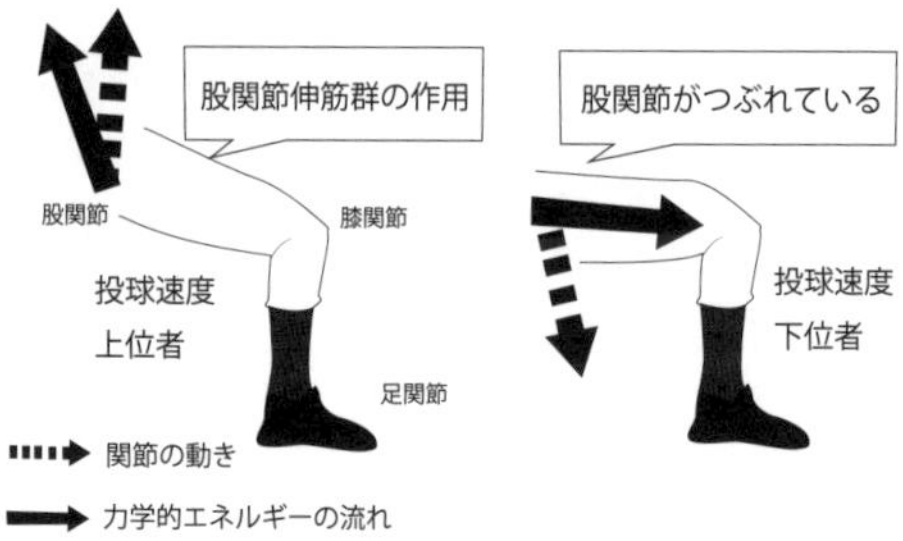

コッキング局面における上位者および下位者のスライド脚（島田 2000）

左のようにお尻が上がるような動きになると、上半身にうまく力を伝えられる。右のように股関節がつぶれるとエネルギーが吸収されてしまう

股関節がつぶれるとパワーをロスする

アーリーコッキング局面での下半身の動きですが、足を大きく開いているかが、重要なチェックポイントになります。ただし大きく足を開けばよいということではありません。ステップ幅が広すぎると股関節が下に落ちて、つぶれた状態になってしまうからです。

理想的な動きは、後ろ足側の股関節にあった力を、前足側の股関節にしっかりと移していくことで、それに伴いながら骨盤を回転させていきます。この動きによって腰の回転と肩の回転のわずかなラグができます（捻転動作）。後ろから前足に体重を移していくとき、図1のように股関節がつぶれる（膝が出て股関節が下がる）動きをすると、エネルギーが吸収されるほうにいってしまいます。これがお尻のほうが上がっていく動きになると、力がし

図2 ボールと頭の距離

写真のようにヒジが上がったときに投球を横から見て（右ピッチャーなら3塁から）、ヒジの角度が鋭角になると腕を身体の近くで回転させることができる。それによって肩やヒジの負担も軽減できる

っかりと上半身のほうに伝わります。また、上半身の姿勢を保つためには丹田に力を溜めるような意識で行います。意識が抜けて、骨盤が寝てしまうと、この後の局面で胸を張る動きができなくなります。さらに着地して後ろ足の体重が前足に乗った時と同時に、両股関節が内転します。足を広げた状態で、股で挟むような感じです。そうすることによって骨盤が小さく回転し、さらには腕を身体の近くで回転させることができるので、肩やヒジの負担も軽減できます。これらの動きはこの局面での最後に、ボールと頭の位置に現れます。ヒジが上がったときに、ボールを持った手と頭の位置が近いところにあればOKです（図2）。この距離が離れてしまう場合は、ヒジを上げるタイミングと身体の回転（とくに肩）のタイミングが合っていないことになり、リリースポイントがずれて、シュート回転やスライダー回転を増長させる原因となります。

井脇チェック

肩甲上腕リズムに関連する機能の向上は必須

図1 肩甲上腕リズム

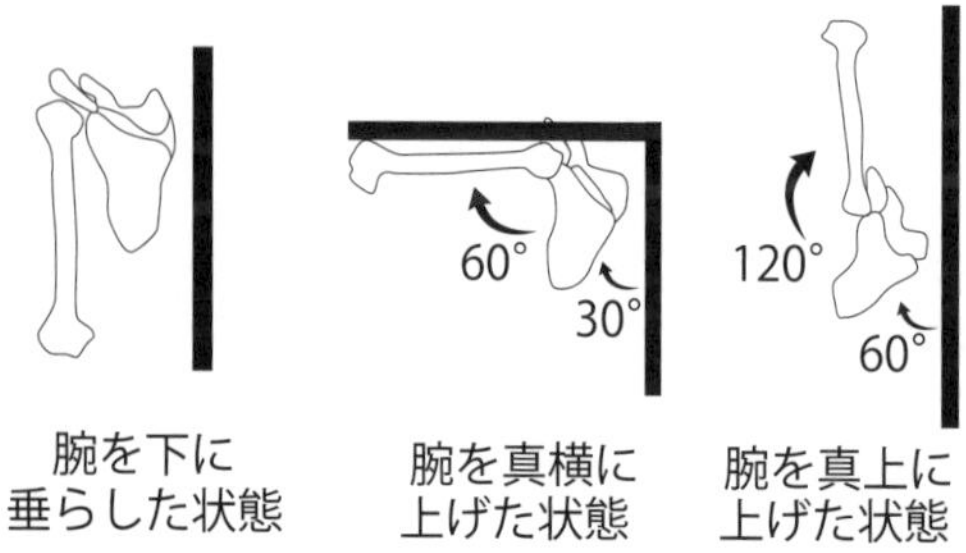

肩を動かす際に、一定の角度から肩甲骨も肩の動作を助ける動きをする。肩甲上腕関節2：肩甲胸郭関節1の比率で動く、この動態解析を肩甲上腕リズムという

投球における肩関節、肩甲骨、胸郭それぞれの関係性を理解する

ヒトの肩と肩甲骨との間には、「肩甲上腕リズム」という肩甲骨と上腕骨との機能的現象があります（図1）。外転運動を行う場合、下垂したポジションでは一般的に「肩関節」と言われる肩甲上腕関節が主導で動きます。そして30度以上になると、肩甲骨（肩甲胸郭関節）との協調運動が始まります。具体的には腕の動きと肩甲骨の動きが2対1の割合になります。この関係性があるため、腕を頭上に上げることが可能になります。

ラジオ体操で行うような両手を広げて腕を回すような動きが、上腕骨と肩甲骨にとっては理想的と言えます。

図2 肩甲骨の6つの動き

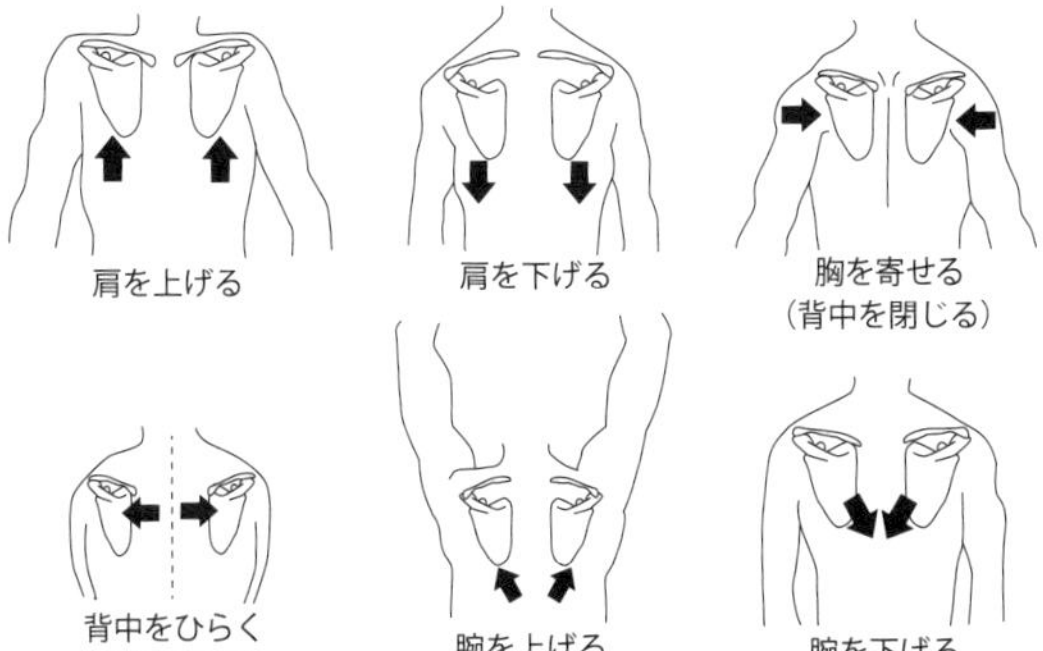

肩関節は、肩甲骨の関節窩と上腕骨の骨頭をつなぐ肩甲上腕関節と、胸郭背面と肩甲骨前面が対面する肩甲胸郭関節など5つの関節で構成されている。

さらに肩甲骨の可動性が肩甲上腕関節を活かすためにも重要で、(図2)のように様々な動きを行います。胸郭(に付着する筋群)と併せて投動作ではこの3つの機能が協調しあった結果、この局面以降における腕のスムーズな操作につながります。

投げる動作は下半身とは異なり、ヒトにとって非日常的な動作です。その動作を反復した結果、肩甲上腕リズムや肩甲骨の動きに狂いが生じてくることはよくあります。また、ヒジと肩の機能には密接な関係性があり、「ヒジの調子が…」と訴える選手には、実はその土台となる肩の機能が落ちている可能性があります。その観点からも肩関係のコンディショニングが大切になるのです。

肩ヒジをはじめとする上半身は下半身以上に機能が敏感に変化しやすいので、前述した3つの機能の定期的なコンディショニングチェックは必須と言えます。

局面4 レイトコッキング局面

球速とコントロールを生む「腕のしなり」

加速しながら肩関節が最大外旋に達した状態、つまり最も腕のしなりが起こる局面です。厳密には「最大外旋＝しなり」ではありませんが、ここでは便宜上同じ意味とします（この動き全体をレイバックと呼ぶこともあります）。この腕のしなりがスピードボール、コントロールを生む大きな要因となるため、バイオメカニクス的にはこの外旋角度を大きなチェックポイントにします。

肩の最大外旋は決して肩の関節だけで行っているのではなく、肩甲骨が背骨のほうに寄る動き（内転）や、背骨（胸椎）が前に出る動き（伸展）によって作られます（図1）。さらには骨盤が前傾して体幹全体が弓なりになっていくことによって作られます。肩の関節だけで作ろうとするとケガにつながってしまうので注意してください。

胸椎は頸椎と腰椎の間に位置する12の椎骨で、後ろに弧を描いています。これを①前方に伸展させる、②肩甲骨を引き寄せて肩が引っ張られた状態（胸を張った状態）にするという2つの動作によってしなりを生み出します。先ほどの局面でも述べたように腹圧が抜けないことが大切で、骨盤を後傾させずにしなりを生む

図1 腕のしなりはどう作られるのか

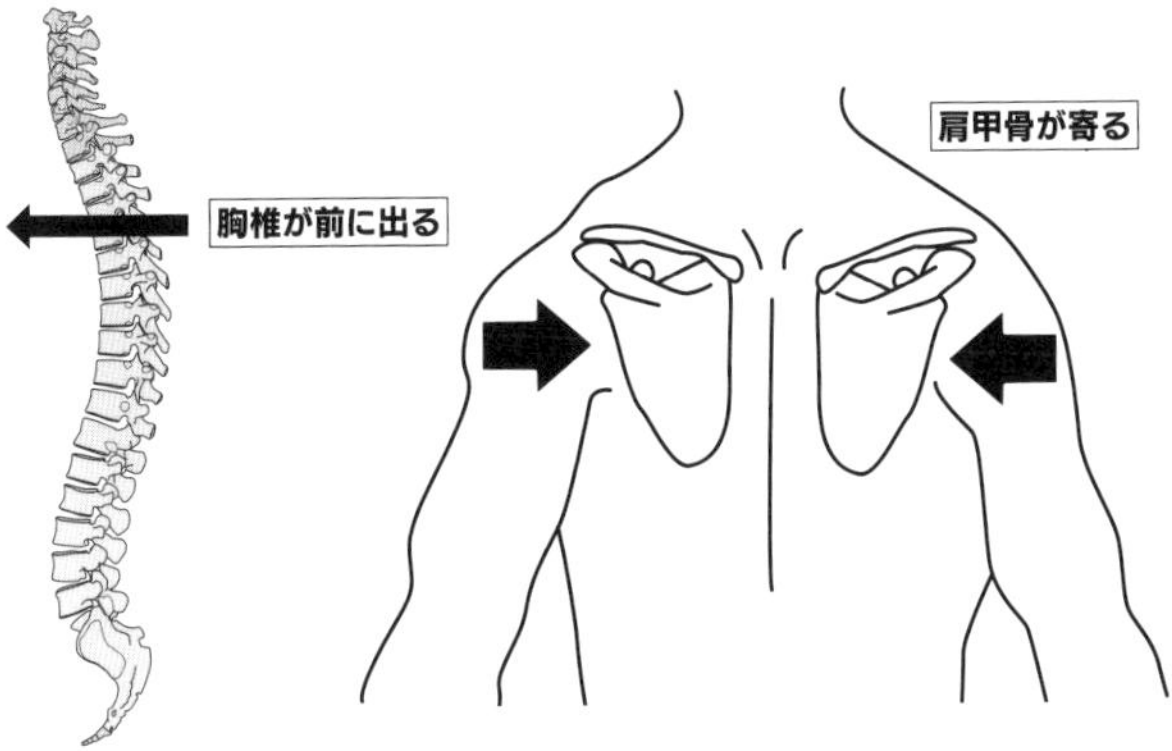

腕のしなりを最大限に引き出すためには、肩甲骨と胸椎の動きが重要になる

体勢を作ります。

下半身が回旋した次は上半身を回すのですが、通常は腰を回せば肩も一緒に回ってしまいます。しかしできるだけボールに対して大きな力を伝えるためには、腰と肩の動きをずらすことが必要になります。左手の位置を維持しながら早めに手をかかないようにすることが開きを抑制します。投げる側の肩甲骨を外に出す「外転させる動き」を意識してみましょう。右投手なら右の肩甲骨を外転させることで、左に回転しようとする動きを抑制しながらも、胸を張る動きにつながります。

また前の局面から必要な要素ですが、グローブを持つほうの手の動きも重要です。グローブ側の手の役割のひとつに、照準器の役目があります。肩甲骨を少し外転させておき、肩越しに投げる場所を狙い、腕を振っていくという流れになります。再現性の高いピッチングをするためには大変重要です。

■図1 腰の回転

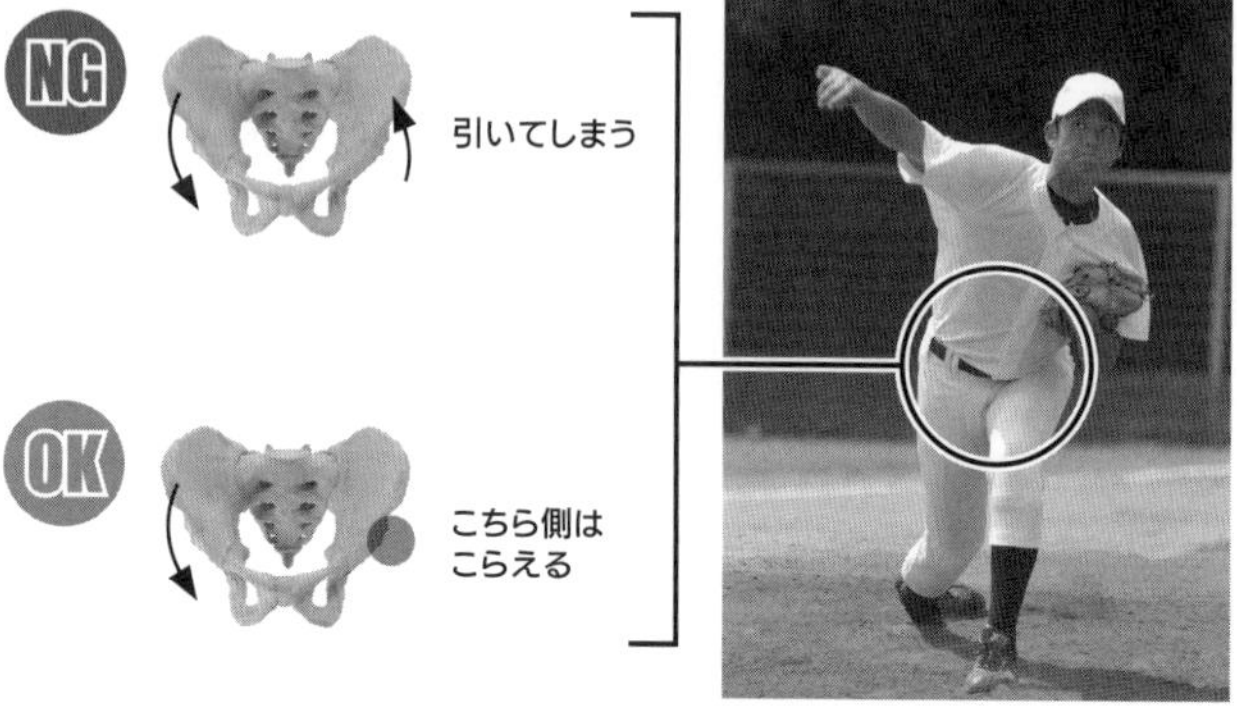

ステップしたほうの腰を動かさずに腰を回転させられると理想的な動きになる。ステップしたほうの腰を引いてしまうと力を逃がす動きになってしまう

じんわりとプレートを押し続けて力を逃がさない

下半身の動きでは先ほども触れましたが、左足にしっかりと体重を乗せながら腰が回転するという動きが大切です。

この腰の回転ですが、図1のNGのように、ステップをしたほうの足側の腰を引くことで回転させることができます。OKの動きと大差ないように思うかもしれませんが、NGのように腰を引いてしまうと、力を逃がす動きになってしまい、上肢やボールに正しく力を伝えることができなくなります。

私が指導をする際、「積極的に体重を移動しよう」と伝えると同時に「ステップする足に速く体重を乗せてしまわないようにしよう」とも伝えます。感覚的な表現になるのですが、この時に大切な動きは、プレートにじんわ

図2 一流ピッチャーと2軍ピッチャーの違いの例

一流ピッチャーは力を逃さないように、じんわりとプレートを押し続けるのに対して、2軍ピッチャーはカカトや膝が返ってしまう

りと力を伝えていくことです。勢いよく動いて膝が内旋するような動きはよくありません。膝が返ろうとするのをこらえ、じんわりと力を逃がさないようにすることで、上肢に力を伝えるような腰の回転につながります。

図2は一流ピッチャーと2軍ピッチャーのレイトコッキング局面を比較したものです。一流ピッチャーは力を逃さないように、じんわりとプレートを押し続ける動きがみられます。それに対して2軍ピッチャーはカカトや膝が返ってしまっていることがわかります。一流ピッチャーのようにじんわりとプレートを押し続けることで運動連鎖が途切れず、十分にボールに力が伝わったよいストレートが投げられるのです。

井脇チェック

「しなり」を獲得するためには機能的な可動域が必要

写真1 ストレッチポールで上半身ねじり

胸郭や肩甲骨まわりの柔らかさを見いだすトレーニングになる（142ページ）

身体の近くで股関節と腕を操作する感覚を手に入れる

この局面で重要な最大外旋の獲得には、肩関節（肩甲上腕関節）の可動域が必要ですが、これまで説明したように肩甲骨や胸郭、腹背筋群が付着している骨盤も関係してきます。

「胸郭か肩甲骨の可動性は乏しいが肩関節の可動域は広い」といったアンバランスな可動性の選手は少なくありません。その逆パターンの選手もいます。これでは投球時の負荷がその部位に集中してしまう危険性があり、スポーツ障害の起因につながります。

上半身をひねるという動作は、解剖学的には腰椎でな

写真2 プールスティックでスローイング

ヒジの抜き方を中心とした上半身の動きを確認でき、ウオーミングアップとしても活用できる（164ページ）

く胸椎によって行われます。胸椎は肋骨とつながって胸郭を形成しますが、細かな筋肉が多いためメンテナンスも複雑です。加えて近年の様々なトレーニング方法（特に出力を発揮するトレーニング）の情報拡散によって、本格的に取り組む選手が多くなり、出力が大きくなった影響のためか、この局面で「脇腹」を痛める選手が以前より増えているように感じます。

脇腹は急激な負荷に対して強い筋群ではありませんので、1度痛めてしまうと復帰まで時間を要しますし、胸郭に負担がかからないように腕の操作を無意識に変えてしまうなど様々な代償を引き起こす原因にもなります。

下半身に関しては、段階的に併進運動していた状態に加えて、股関節の回旋が起こってきます。股関節や腕を体軸から近い距離で操作できれば運動連鎖のロスが少なく済みます。しかし、人間は手先で操作できてしまうため、意外と難しい動きです。

図1 水平内転の力発揮

腕を水平に内転させる動きが球速を上げるために重要であることがわかった

近年の研究でわかった水平内転の重要性

先ほどの局面まででヒジが上がり、最大外旋を迎えていた肩ですが、この局面で一気に内旋させていきます。この内旋動作は、ヒトの動作のなかで最も速い動作とされ、投球の速度に最も貢献するものだとされています。

この内旋動作に加えて、2018年に鵜澤らが行った研究で分かったことがあります。それが「腕の水平内転の力発揮」（図1）で、球速を上げるために重要です。動きというよりは、関節を支点とした駆動力を生み出せるかどうか、という意味合いが正しいでしょう（これを関節トルクと読んでいます）。

図2 胸の中心から腕が生えているイメージ

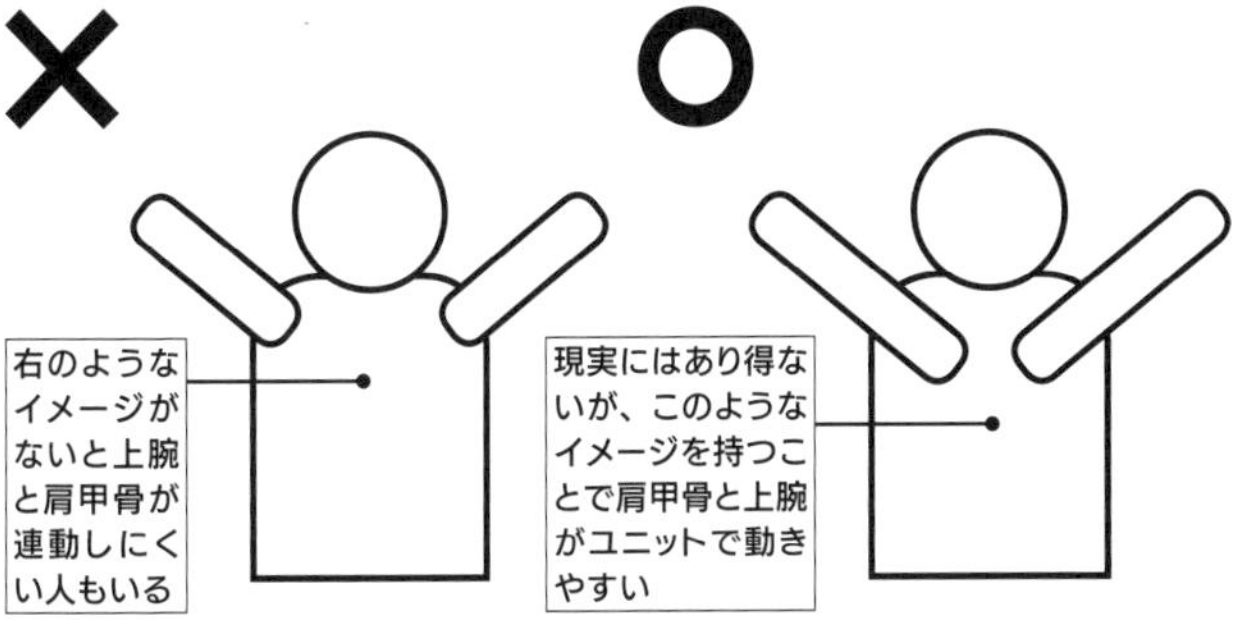
×
○
右のようなイメージがないと上腕と肩甲骨が連動しにくい人もいる
現実にはあり得ないが、このようなイメージを持つことで肩甲骨と上腕がユニットで動きやすい

上腕と肩甲骨のユニットによって水平に腕を返していく動きをする場合、このようなイメージを持って身体を動かすとよい

上腕と肩甲骨のユニットによって水平に腕を返していく動きをすることによって、内旋速度を早めることができます。胸の中心から腕が生えているようなイメージを持ち、肩甲骨がスライドしながら腕が前に出るような意識を持つといいでしょう（図2）。

内旋の運動だけで力を発揮しようとすると、どうしても腕だけで振ろうとする意識が強くなり、肩に過度なストレスがかかってしまいます。しかしこの時に水平内転の動作を加えることで、リリースの際に大きな力を発揮できるようになります。

それから下半身ですが、踏み出し脚側の股関節を軸に、骨盤を遠回りせずにコンパクトに回すことが大きなポイントとなります。膝が開かないよう、外側に体重がかかるのではなく、内側を軸にして骨盤を回転させていくことに注意してください。

井脇チェック

踏み込んだ姿勢のまま、上下にぶれずに体重を移動させる

写真1 棒を担いで併進運動

「半身」の姿勢を保持しながら併進運動をするトレーニング

トレーニングよって現象を体感、投動作（技術要素）へのフィードバックにつなげる

踏み出し脚が接地してからの併進運動では、前述したように腹背筋群（腹圧）、内転筋群、ハムストリング筋群などの筋肉が協調されて姿勢が保たれます。そして体軸からズレないよう我慢しながら回旋運動が行われ、漸増的に出力が発揮されると理想ですが、実践ではなかなか難しいです。この現象に関連する身体操作ができているかは、軽い木の棒などを使ったトレーニングで確認できます（写真1）。

棒を肩に担いで投球時よりも少し歩幅を狭くし、ノーステップスローで投げるような半身になります。支持脚

回数を重ねるごとに、このような動きが出やすくなるので注意

の方の荷重比率を高くし（支持脚対踏み出し脚の比率は8対2か7対3のイメージ、個人の感覚でＯＫ）、姿勢の上下のブレを我慢しながら荷重比率を逆にするように体重移動し、スタートポジションに戻します（１７４ページ）。

うまく身体操作ができていると、内転筋群や腹圧、支持脚の中臀筋、踏み出し脚の臀筋、ハムストリングス、足底などに「キツい、使った！」という感覚があります。回数を重ねると辛くなったり、使えていない場合の原因は、姿勢を保持できずに膝が伸びたり、重心が高くなったり、比率の体重移動ができない、お尻側に上半身が倒れ込んだり前屈姿勢になる、踏み出し脚が外側（小指側）に体重が乗ってしまうなどがあります。棒を使ったトレーニングは、ピッチング前の意識付けや、シャドーピッチングと交互に行うことで技術要素と融合させる目的に有効です。

局面6 リリース局面

図1 エクステンションの動き

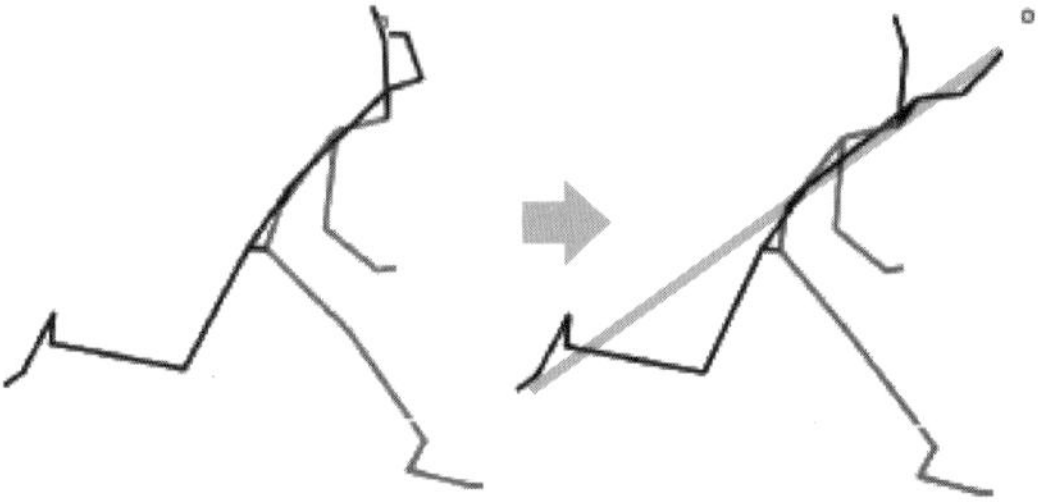

前でボールを離すためには、横から見ると軸足のかかと、お尻、肩の位置が一直線上にあるのが理想

威力、回転、調子のバロメーター「エクステンション」

ボールが手から離れる「リリース」の局面です。

「ボールを長く持つ」「球持ちがいい」などの表現がされますが、近年の理論ではこれとは異なり「エクステンション」という言葉が使われています。これはリリース時のプレートからリリース位置までの距離を測定した数値を意味します。

メジャーリーガーの平均はピッチャーの身長の１０５％であり、１８０㎝のピッチャーであればエクステンションは１８９㎝となります。普段からエクステンション値を計測しておけば、その日の調子を見るバロメーターに

図2 胸郭の回旋

よいピッチャーが行っている胸郭の回旋の動き

できます。

なるべく前でボールを離せることは、十分に加速をしたところでリリースをすることになるため、ボールの威力や回転によい結果を与えます。そして前でボールを離すためには、横から見ると軸足のかかと、お尻、肩の位置そしてリリースポイントが一直線上にあるのが理想です。よく「両肩のラインより前でリリースする」という言い方をしますが、それはあくまでイメージであり、実際は両肩のラインかやや後ろでリリースします。よいピッチャーは胸郭を回旋させていくため、肩の位置の関係性は変わりません。軸足の股関節を軸に、踏み出し脚の膝が外側に割れないよう内側で回転していったうえで、さらに胸郭を回旋させることで、より前でのリリースが可能となります。日本では昨年引退した藤川球児投手は、この胸郭の回旋が素晴らしく、ストレートの威力が抜群だったことはご存じのとおりです。

図1 リリース時の指の動き

親指がボールから離れ、人差し指と中指で引っかけるようにする

体幹と腕の振りが合っているとボールの回転が生まれる

リリース局面でもうひとつ重要となるのがリリース時の指の動きで、親指がボールから離れ、人差し指と中指で引っかけるようにします（図1）。「引っかけるように押し出す」と表現すると誤解を与えてしまうかもしれません。実際には「指の中でボールが転がり、結果的に人差し指と中指に引っかかる」という動きが正しい言い方になります。

ストレートを投げる場合、人差し指と中指、そして親指で二等辺三角形になるようにボールを握ります。そして投球動作では、はじめに親指が離れ、人差し指と中指全体がしなります。そこから指の第二関節がボールの抵抗で伸展し、第一関節が屈曲して弾くようにボールが離れることで、投じたボールに適度な回転がかかります。

写真1 ロープで投げ方の特性がつかめる

ロープを持って投球動作をする。よい投球モーションができるとロープが身体に巻き付く

　このボールの回転を生む動きですが、ここまでも述べてきたように胸郭や指先だけで与えるものではなく、体幹の回転と腕の振りが合っていることが重要になります。連鎖運動で腕とボールに遠心力がどんどんかかるように身体を回し、最後に指で引っかける、という一連の動作から生まれるのがボールの回転になるのです。

　一般的な投げ方（スリークォーターやオーバースロー）ですが、縦回転と横回転の組み合わせで、腕が斜めから出てくるということになります。人によっては縦回転の力が強い人もいるでしょうし、横回転の動きがいい人もいるでしょう。個々の能力を活かすため、上の写真のようなロープを回すトレーニングを行って、特性を見極めることもあります。

井脇チェック

「タイミングよい身体操作」と「力を集約」の再現性を高める

写真1 チューブを引っ張る

「リリース地点でいかに力を集約できるか」という目的で行うトレーニング

リリースに至る身体の使い方を整える2つのトレーニング

川村先生のメカニズムの説明をヒントに編み出したものが上のトレーニングです。ゴムチューブ（赤色程度の負荷）の抵抗を感じながら、下半身からの連動性を意識し、テイクバックからイメージするリリースまでタイミング良く最短距離で操作します。これを10回ほど連続して行うことにより再現性を養います。筋肉のどこが使われているのかを体感できます。

リリースポイントについては、川村先生の解説とは異なっています。それはトレーニングの目的の便宜上（全身の運動連鎖とそのマッチング）が理由です。感覚と現象は

写真2 ロープを回すトレーニング

身体機能を整えるアプローチとして使うトレーニングになる

異なりますので混同しないように気をつけてください。

もう1つ、川村先生が解説の最後に触れたロープを回すトレーニングですが、適度な長さのロープやゴムチューブを用意し、正面を向いて8の字を描くように回します（写真2）。他にもラジオ体操の腕回しのように連続して腕を大きく回す、回しを連続して行い、腕が上がったタイミングのいい時に踏み出し脚を少し踏み出し（いわゆる半身のポジションから割りを作る）、あとはシャドーピッチングのような感覚でフォロースルー局面までスイングする、などの方法があります。

川村先生はパフォーマンスのきっかけ作りとしてこのトレーニングを採用していますが、私の立場では「身体機能の調整、パフォーマンスへのフィードバック」として活用しています。

局面7 フォロースルー局面

加速させてきた動きにブレーキをかける

フォロースルーはメカニクスの最後に現れる部分ですので、ここだけを取りだしてお話しするのは難しいところはあります。ただ、ここを見ればリリース局面までの動きがよかったのかどうかの評価をするポイントにはなります。

よいフォロースルーが何かというと、腕に負担がかからないように「うまく腕の振りの減速ができているか」になります。腕の力や肩の力だけで減速しようとすると、腕にかかる負担が大きくなってしまうため、身体全体で減速させることが重要です。とくに前方の踏み出し脚に

図1 上原浩治氏のフィニッシュ

フォロースルーのポイントは、腕に負担がかからないようにうまく腕の振りの減速をすることになる

しっかりと体重が乗っていると、これまで加速させて動かしていた上体へのブレーキングが、前方向への移動でやや緩衝されることになります。

ピッチングは片足から片足の体重移動の中で、上肢がものすごい速度で回転している動作になります。そのため、これまで生み出してきた速度に対するブレーキングの局面である「フォロースルー」では、片足（踏み出し脚）でしっかり立てることが重要になります。私がピッチャーの動きを見るときに重要視している局面でもあります。

それからフォロースルー局面の腕の動きですが、内旋外旋をして最後に膝の横を抜けていきます。その結果として小指が天を向いているのが正しいメカニクスになります。万が一小指の向きが異なっているようであれば、腕に何らか別の力が加わっている状況が考えられます。

コンディションの影響からフォロースルーがとれないことがある

写真1 踏み出し足に体重を乗せる動き

前の局面まで加速をさせようとしてきた動きを減速させることが必要になる。そのためには肩甲骨を前に出したうえで骨盤が回り、踏み出し脚に体重が乗った姿勢が望ましい

踏み出し脚に体重を乗せて「立つ」

川村先生が述べたようにリリースの段階で肩甲骨と上腕骨が一直線になっている状態（ゼロポジション）になっているか、それ以前の局面で問題を抱えていないかなど、これまでの動きの結果や問題点が表われるのがフォロースルー局面になります。

きれいなフォロースルーができていない選手は、踏み出し脚に荷重しきれず、重心も後ろに残ってしまいます。そのため十分な減速ができずに負荷がアンバランスにかかります。

写真1のように横から見て肩甲骨が前に出ているよう

写真2 フォロースルーのポイント

フォロースルーのポイントは、腕に負担がかからないようにうまく腕の振りの減速をすることになる

な位置、かつ投球側の骨盤が回旋していて、踏み出し脚に体重が乗ったポジションになるのが望ましいです（骨盤の横にある中臀筋や大転子が見えるイメージ）。この体勢で「立つ」ことができるかをチェック項目にしてもいいでしょう。

コンディション面の影響も一因として考えられます。肩やヒジを痛めている場合だと、腕を内旋させたくてもその前の局面で痛みが生じたり、庇う作用が生まれてしまい、無意識に下半身の出力を下げようとして自身のイメージよりも体重が乗り切れないケースを見かけます。

また、腰に痛みがある（既往歴のある場合も）、しっかり体重を乗せ切ることができないため、踏み込み時の荷重が浅く、フォロースルーがとれていない場合があります。

傾向が表れやすい局面ですので、コンディションチェックはもちろん、試合や日頃の練習などから動きを観察すると変化を把握できるでしょう。

COLUMN

井脇毅から見た川村卓

サポートスタッフが選手に携わる際に必要な要素で気を配るべきことは、指導者と各々の領域をリスペクトしつつ「共通言語」を持ち、コミュニケーションが取れる関係を築くことで、簡単なようで非常に難しいのです…。

トレーナーの視点からみた川村先生は、「指導者」としてだけでなく、「研究者」、「教育者」の3つの顔を持ち、選手の状況や理解度などに応じて総合的なアプローチをしています。これこそが川村先生が稀有な存在である理由であり、私もその姿勢にいつも気づきを頂いております。

我々はあくまでも選手のレベルアップのアシストをする立場であり、川村先生も指導者は「見守る＝観察する」ことが非常に大切だと考えています。

選手は直ぐに答え（解決法）を求めたがりますが、「今アドバイスすべきなのか」「どの段階や状態の時に伝えるべきか」などを勘案し、何よりアシスト側も「我慢」ができることが必要になります。川村先生がよく口にするのは、「アドバイスのタイミングには本当に気をつけている」ということ。私にとって一緒に仕事に取り組みやすく、忌憚のない意見を言える存在です。

コンディションと投球の関係

①いいストレートのためのコンディション作り

井脇　ボールに回転を伝えるための身体機能（連動性をつかさどる機能）を高めることが大前提

川村　その日の体調に合わせて、自分をある水準に持っていく術を知る

――ここからは井脇さんにはトレーナーとして、川村先生には指導者および研究者としてのそれぞれの立場から、いいストレートのために必要なコンディションづくりについてうかがっていきたいと思います。

井脇　まず、いいストレートを投げるためのコンディションの大前提として、ボールに回転を伝えるための身体機能つまり運動連鎖が必要となってきます。またピッチャーは陸上の投擲競技のように何本か投げるうちのベストが出ればいいというものではありません。そういう特性も理解したうえでその機能を司るトレーニングやコンディショニングが必要になってきます。

川村　そうですね。優れたピッチャーは、いつ、どんな環境でも同じような動きをする、つまり再現性に優

れていると言われます。いつも同じというよりは、こうしたことの繰り返しで、その日の体調に合わせて、自分をある水準に持っていく術を知っているということなんです。

――パフォーマンスのアベレージを高める、ということですね。

井脇 川村先生のおっしゃる再現性、つまり身体の操作性を高める事が大切ですね。具体的には複合関節運動と言われる多くの関節を動員するコンパウンド種目を段階的に取り組むことが必要となります。勿論、短関節運動種目を取り組むのも基礎作りとして必要です。

――どのようにトレーニングを考えるべきでしょうか？

井脇 「単純にトレーニングに励めばいいんだ」ではありません。ピッチングをする際には、筋肉が収縮しますが「筋肉が縮みながら収縮し力を発揮する状態」の「コンセントリック収縮」、「筋肉が伸びながら収縮し、力を発揮されている状態」の「エキセントリック収縮」があります。

もう1つの視点からは、下半身の支持脚、踏み出し脚が接地している場面のように足を地面に付いて荷重した状態でのクローズドキネティックチェーンという運動連鎖、上半身のような非荷重の状態であるオープンキネティックチェーンという運動連鎖があり、分類されています。このようにピッチングフォームではその局面によって負荷のかかり方が異なるため、筋肉の役割も変わってきます。そのため張り方はもちろん、関与する関節の状態や機能も変化しますし、疲労度などによっても変化します。

特に野球競技の特性として「一側性の動きの反復」が挙げられます。同じ方向の繰り返し動作の結果、バランスを崩したり、その人本来のポジションとは異なる歪みを生み出すことになります。その状態に気付かないままパフォーマンスを継続することは「感覚のズレ」や故障を引き起こしてしまう危険性が高くなります。そのためそれらを修正するための対策である「コンディショニング」が必要となってくるのです。コンディショニングは成長に伴って重要度が増してきます。それは身体の出力発揮が大きくなってくるからです。

川村　これについてはまったく同意です。選手個々で体調やコンディションが異なりますが、投げるまでにその日のトップコンディションを作っておかなくてはいけない。このコンディションづくりに関しては、井脇さんから学ばせてもらったところが大きいですね。

井脇
グラウンドに下りたときには臨戦態勢のコンディションをつくる

川村
投げながらコンディションを整えるのではなく、投げる前の準備を十全に

井脇　思い返せば「コンディショニング」という概念は、今でこそスポーツ界で広く認識されていますが、日本のプロ野球界においては川村先生や私が大学生の頃、ようやくコンディショニングという「先進的な取

り組み！」的な言葉がチラホラ聞かれる感じだったかなと。

現在、田澤純一投手と仕事している事もあり、メジャーリーグのキャンプやシーズン中の練習などを見聞きします。選手たちは朝日が出るか出ないかの早朝からクラブハウスに入り、しっかりトレーニングを積んだうえで、グラウンドのチームでのアップに臨みます。グラウンドに現れた時には、キャッチボールやバッティングなど、臨戦態勢が整っているレベルです。こういったルーティーンは数人単位でなく、みんなに浸透しています。マスコミではその辺りは報じないので「メジャーの練習は楽で練習もすぐ終わる」と誤解されがちですが…。そのようなコンディショニング、いわば「準備」を各人の自主自律のもと、取り組んでいますね。

日本もそのような環境や意識づけはだいぶ変わってきたと思いますが、全体としてはまだ希薄なのかなと感じます。どちらかというと「チームで集合して行うプログラムの中で消化する」感じです。コンディショニングには当然個人差があるので、自分自身でいかに噛み砕いて取り組んでいくかが大事かと。

川村　たしかに、この意識は、日本人はまだ薄いのかな、と感じることが多々ありますね。

——日本では昔から「ピッチング練習のなかでコンディションを整える」と言われていますね。

川村　コンディションづくりは、2章までで述べてきたメカニクスを実行するための準備のひとつです。「投げながらコンディションを整える」という方法は、すなわち「投げることでメカニクスを整える」作業になってしまう。準備ができていない状態でメカニクスを整えたところで、その日その日をごまかしているよう

メカニクスの実行のためにコンディションづくりを行うので、「ピッチング練習でコンディションを整える」という方法には疑問符がつく

なものです。投げる前の準備は、大変に重要なポイントなんです。例外なく、優れたピッチャーは準備の段階でコンディションづくりをしっかり行っています。そのなかで、その日の自分の状態を察知し、目的を持って準備をしています。

井脇　ええ。コンディション作りに最も大切なことは、実にシンプルなんですよ。それは、「己を知る」こと。つまり、自分の能力を正確に評価できるように「俯瞰の目線」を持てるようになることです。

②コンディションの変化

井脇 コンディションづくりのための鉄則は「己を知る」こと

川村 最初から「己を知る」のは難しいが、最終的には自己管理できるよう指導する

――「己を知る」ですか。

井脇 ひとくちにコンディショニングと言いますが、選手自身が「コンディションがいい時」や「許容範囲の状態」を把握できていないとその日のコンディションの判断ができないですよね？ そのためにも「基準・目安」を知っておきたいですね。そうすれば対策も講じられ、創意工夫が生まれる。カテゴリーが上がれば上がるほど、この要素の重要性が増してきます。

川村 たしかに。私も指導者として、最終的には選手本人がコンディションを自己管理できるように教えて

います。でも、とくにアマチュアのカテゴリーになると、最初から「己を知りなさい」というのも無理な話なんですよ。選手の経験も浅いですし、年齢も若いから身体のつくりも、能力も日進月歩で変わりますしね。理想としては、自分なりのコンディションづくりのチェックポイントを設け、ルーティン化していけることが望ましい。

井脇　ですね。こればかりは毎日の積み重ねといいますか、投げる準備としてのトレーニングを毎日コツコツ継続してくことでしょう。そのなかで、「今日はスムーズにいくな」「今日はうまくいかないな」と、自分の状態がわかるようになります。今日の調子ならキープするようにトレーニングしよう、あるいは上げていこう、落とし目でいこうなど、自分の中に判断基準ができていきますから。多くの一流選手は、こうした自己評価と判断をもとに、コンディションを最良にできるよう、地道なトレーニングを入念に行っているわけです。

井脇

正しい自己評価で、閾値（いきち）＝個々が現在持っている能力の限界値を上げられる

川村

ポール間走などの単純な運動で自分のコンディションを見極められるように

図1 正しく自己評価できれば限界値＝閾値（いきち）を上げられる

閾値（いきち） ＝ 自分の能力の限界値

正しく自己評価ができていると

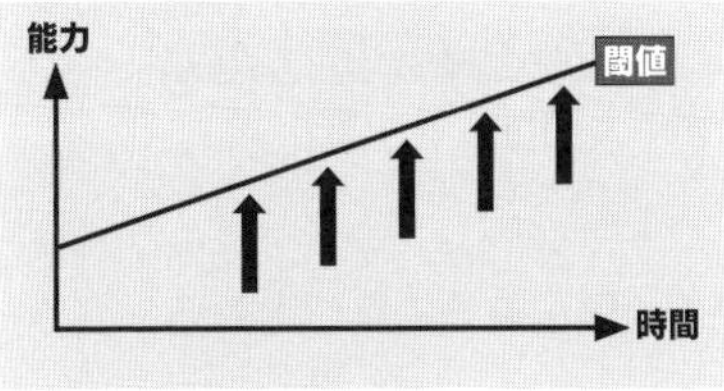

自己評価が高いと

➡ 限界を超えてケガ

自己評価が低いと

➡ 限界まで挑めず能力停滞

⇩

己を知れば能力UP

そのときの自分の限界までトレーニング

⇩

少しずつ閾値を上げられる

――正しい自己評価ができないというのは、自分が持つ能力よりも自己評価が高くて、無茶なことをしてケガをする、というようなことでしょうか。「おれはすごい能力がある！ もっとやれる！」というような。

井脇 それは極端ですね（笑）。最近は逆に自分の状態を現状よりも低く認識してしまっているケースも多いですね。自己評価が低く、自分に自信がない選手が多いというか…。

――そういった場合も問題なんですか？

井脇 問題ですね。運動には閾値（自身が現在持っている能力の限界値の目安）があり、それをトレーニングによって維持し、少しずつ上げていくことを繰り返すことが本来の目的の1つです。そのためにも「自分の閾値はどのくらいか？」をある程度把握すること、つまり「己を知る」が大事になるわけです。けれども自己評価が低いと本来の閾値よりも低強度のトレーニングになり、結果

図2 川村流コンディションづくりのチェックポイント

単純な運動を基準にするのがわかりやすい

⇩

走る

100～200mのポール間走（7～8割の力で）

GOOD　**丹田が引っ張られるように走れる**

BAD　**脚が上がらない、身体がぶれる**

的に閾値が下がってしまいます。逆に自己評価が高すぎると、オーバーワークによってケガや不調につながる可能性があります。「コンディショニングは日々の取り組みと成果を比較すること」とよく選手に話していますよ。

――そのためにも、個々でコンディションを見極める、定点観測的なトレーニングが必要になる、ということでしょうか。

川村　単純な運動を判断材料にするのがわかりやすいと思います。たとえば、私が指導する場合は「走ること」を判断材料にしています。いわゆる走り込みではありません。走り込み自体は私も嫌いなので（笑）。ともかく、100～200mのポール間を、7～8割の力で走ってもらうんです。コンディションが悪ければ、足が上がらなかったり身体がぶれたりする。コンディションがよければ、丹田のあたりが他人に引っ張られるような感じでスッと走れる。これを毎日繰り返すことで、基準が自分

ここでの「走る」は「走り込み」ではなく、自分の状態を維持するためのもの

でわかりやすくなるんですね。

井脇 左右非対称な動きが多い野球選手にとって、ランニングはその傾向が顕著に表れますね！ 私も歩きやウオーミングアップでの動きなどと合わせてチェックポイントにしています。加えてコンディション作りで大切にしているのは、取り組みに対して「選手自身がいかに体感・実感しているか」です。さらにシャドーピッチングやネットスローといった技術要素も、セット間やトレーニングの終了後に盛り込むようにします。基礎的な動作によって神経系が活発な状態で技術的な動作を導入し、「融合・教育」するということが目的です。それによって選手たちに「ここの意識が足りなかったのか」「このトレーニングでこんな感じになるんだ」などの「気づき」が生まれるからです。この気づきが「己を知る」ことの足掛かりだと考えています。

「結果がいい」＝「コンディションがいい」ではない

アマチュアのカテゴリーであれば、将来性を見据えて休ませる判断も必要

――体調面だけではなく、心理面のコンディションというのも重要かと思いますが。

川村　選手が緊張しすぎてもダメですし、まったく緊張しない状況というのも成長できません。選手の個性を見極めて状況を振っていく、というのは我々指導者の大きな仕事ですね。

井脇　私は野球選手以外に様々な競技のアスリートと仕事をしてきましたが、トップに上り詰めるような選手の共通項として、自身の出番の前には必ずと言っていいほど「とてつもなく緊張」しています。それは「負けたらどうしよう、打たれたらどうしよう」という「不安や恐怖」が起因していると思います。ですからピッチャーたちも、そのような精神状態を乗り越えてマウンドに登るのでしょうね。そのために日頃から不安や恐怖を少しでも払しょくする取り組みや準備を大切にしており、その取り組みがバックボーンになっていると思います。

例えばプロ野球の選手を担当していてよく感じるのですが、同じトレーニングを積み重ねてからブルペン

で投げるときに、自主練などジャージで投げているときとユニフォームとでは、筋肉の張り方がガラッと変わってきます。またオープン戦での登板と公式戦での登板でも、筋肉の張り方が微妙に変わります。それだけ心理面の変化が身体に影響を及ぼすのでしょうね。

――ストレスが変わってくるわけですか。

井脇 それはありますね。ただ、ポジティブなストレスもあるんですよ。緊張のなかでアドレナリンが出て、いいパフォーマンスが出せる、ということは多々あります。試合においてはどんな形でも抑えること。結果が全てですが、コンディショニングからの見地では「結果が良ければすべて良し」ではありません。

川村 その感覚はすごくわかります。自分が選手だった体験からも、昨日まで熱があって体調がすぐれないのに、今日投げてみたらすごく良かった、なんてことはよくありますからね。

井脇 野球は対人競技である以上、良いボールを投げても打たれるときもありますし、悪いなりに抑えることもあるわけですからね。トレーナーの立場としては、「パフォーマンスを発揮する上で自身の身体をどう感じたか」「どのあたりが、どのように張ったのか」や故障上がりの選手だと「違和感や平素と違う感じはなかったか」などを試合後、もしくは翌日にコンディションチェックとコミュニケートの中から引き出していきます。

川村 そう。結局は長い目で見たときに、選手のコンディションが悪いときに投げるのは、必ずマイナスに働きます。本来は良くないことですから。

プロの世界は、多少調子が悪くても試合に出なくてはならないこともある。それをケガにつなげないよう、トレーナーは選手、指導者との情報共有をはからねばならない

――ただ、たとえばコーチの立場としては、能力の優れた選手であればあるほど、試合に使いたい、ということはありませんか？

川村　指導者として正直なことをいえば、試合の局面によっては「投げられるなら投げてほしい」という気持ちが起こることもあるのは確かです。しかし、アマチュアのカテゴリーであれば、将来性を見据えた判断が必要です。とくにジュニアの時期などは、どうしてもいいピッチャーだからどんどん投げさせてしまう、ということがケガにつながってしまうので、危険なんです。休むことも、重要なコンディションづくりのひとつですから。

井脇　ただ、これがプロになってくると少し話が変わってきます。選手は個人事業主なので試合に出場することが成績や生活に直結します。当然ながら登板間隔や頻度は監督や投手コーチがコントロールしてくれますが、それでも半年以上のシーズンを消化すると、選手たちのコンディションに波が出てきます。特にシーズン後半や日本シリーズ、メジャーリーグのポストシーズンになるとコンディションが低下していても「いけます！」という気概が必要です。彼らはギリギリのコンディションで投げているのです。

――たしかに、そうなりますか。

井脇　トレーナーは選手の状態によってブレーキをかける立場でもあり、監督やコーチに「この状態は行けます、出せます」という後押しする立場でもあると考えております。そのためにはコンディションを可能な限り把握すること、コミュニケーションの構築が大切なのです。

川村　それにプロに限らず、本人が疲れたと感じて動きたくない、と思っていても、指導者側から見ると身体機能が悪くなっているから動いたほうがいい、と感じるケースもありますし。そういった判断の部分においても、井脇さんのようなトレーナー、コメディカルといわれる理学療法の方々の存在が重要になってくるわけです。

③選手たちが痛み・張り・違和感を感じたら

井脇　小さい頃からの遊びや、運動経験の少なさが身体感性に影響？

川村　ケガの回避のためにも、子どものころは野球以外の運動を！

――井脇さんはトレーナーとして、どのように選手のコンディションを判断されるのですか？

井脇　練習や試合時は選手たちの動きをとにかく観察します。その上で、会話（その言葉じり）、顔つき、目つきなどの表情、態度などから状態を引き出したりします。選手から「痛い」「張った」などの言葉を聞いても、本人の捉え方やニュアンスは千差万別です。そのため私の場合は最終的には触ることで状態を確認し、把握するのです。

――たとえば痛みや違和感といったトラブルに関して、選手からアラートを発してくることもあるんですよね？

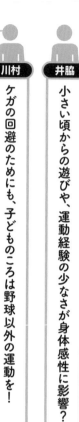

井脇 特に最近多いのが、ある筋肉に少々強い張りが出ている場合に「ポジティブな筋肉痛の状態」なのか、筋肉あるいはその周囲にダメージがあるかもしれない「ネガティブな状態」なのかの区別がつかず、うまく周囲に伝えられないことがあります。そのため、これまで以上にコミュニケーションを密にした上でチェックを行う必要があります。

――なぜそんなことに?

井脇 これは川村先生ともよく話をするんですけど、ひとつには運動の経験則が少ないことが影響していると思います。以前は凸凹な地面を駆けずり回って地面をつかむ感覚やバランス感覚が生まれてきたり、いろんな遊びや運動が身の回りにあって、さまざまな箇所の筋肉を使って動いてきた。そのなかで、どう動いたらうまく動けるか、どの程度動いたらケガをしてしまうのか、ということを経験則で覚えてきていたわけです。その経験が絶対的に少なくなってきているんですね。

川村 まあ、これは子どもをめぐる環境の話にもなってきますから、なんとも大きな問題になってしまいますが……。野球の習い事化といいますか、小さいうちから野球だけに専念してしまったために、結果的に肩・ヒジに負担がかかっていた、ということも少なくありません。

井脇 そもそも、野球をやって初めて投動作を行った、なんてお子さんも多いんですよ。昔は、投動作に似た遊びが身の回りにあって、遊んだわけじゃないですか。昔は河原で水切りをしたりとか、僕たちは北海道育ちだから、雪玉を投げてぶつけあったりとかしたでしょ(笑)。

図1 運動アナロゴンとは

運動を習得するときに
過去に経験した「似た動作」から
派生させて覚えること

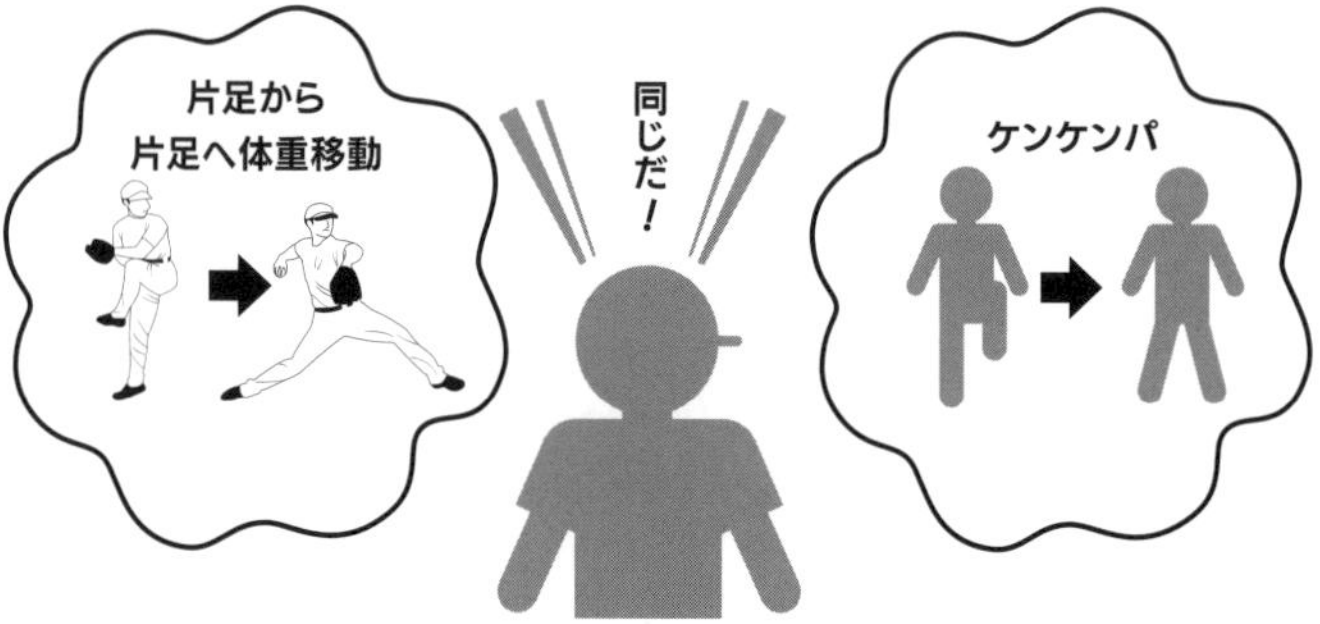

川村　たしかに（笑）。でも本当に、そういう運動アナロゴンって、動作を身につける上で重要なんですよ。

――運動アナロゴン？

川村　私達がひとつの運動を習得していくときには、何か似たような動作から派生・転移させて覚えていきます。たとえば、投球の際には片足から片足に体重移動をするじゃないですか。まず、片足でバランスを取るという動きを、まったく体験していなければ、どうしたらいいかわからずに、習得に時間がかかります。ですが、ケンケンパのような別の遊びなどを体験していれば、「そうか、〝ケンケンパ〟みたいに動けばいいんだ」と脳が働くわけです。こういった引き出しが多ければ多いほど、動きの習得が楽になりますし、ひいては経験則からケガの回避にもつながります。

井脇　本当に、子どもたちには野球以外にも、いろんな遊びや運動を経験してほしいなあ。

川村　まったく同意。これはケガを防ぐためにも、我々からも強く訴えたい部分ですね。

川村　常日頃から継続的に選手を観察することが重要

井脇　ピッチングフォームの全体像から見て、細部を確認する

川村　話を戻しますと、選手から「痛い」というアラートが発せられた場合、乱暴な言い方になりますが、指導者によって2通りの対応に分かれがちなんですね。ひとつは「大丈夫、大丈夫」、もうひとつは「すぐ医者へ行こう！」です。

――極端にふれてしまうわけですか。

井脇　トレーナーの視点で感じることは「選手が張りを訴えたら即練習中止」という認識の指導者や親御さん、選手が非常に多くなっていることでしょうか。「張り」をすべてネガティブに捉えて技術練習やトレーニングを止めてしまうと、トレーニングの原理原則の面からするともったいない状態に陥ってしまいます。

川村　ただ、さっきも言ったとおり、そういった状況を指導者だけで判断しなければいけないとなると、難

しいんですよ。だからこそ井脇さんのような存在が必要なんだけど、アマチュアはそういう恵まれた環境にあることは少ないでしょう?

——そういった選手のコンディションを判断するのに、それぞれの立場からどういう方法で判断するべきでしょうか。

井脇　私の立場としては、とにかく観察することとです。実は「動きをみる」って言葉以上に難しい事なのですが…大事なのは「その人に対して固定概念を持たずに興味を持つこと」と聞かれた人には話しています。もう少し具体的に言うと、まず動きの全体像を見ています。そうしているうちにポジティブ、ネガティブ両方のケースで「おや?」と感じる事があるかと思います。そこから脳内のコンディション情報と照らし合わせながら細部にフォーカスを当てていきます。しかし「木を見て森を見ず」にならない事を心掛けています。その訓練の繰り返しだと思います。そこに専門的な知見が加わると見る視点が変わり、判断に繋がります。その判断内容が第2章で二人が書いていることですね。そのため選手に携わる人というのは常に学ばないといけないと感じていますし、昔から川村先生の見方にはハッとする気付きを頂いています!

川村　こういった場合の、単純にフォームが少し狂っているだけなのか、怪我の前兆なのかを見極めるのは、コーチだけだとなかなか難しいんです。たとえば、ある選手がいつもよりヒジが低く出た投げ方をしていたとします。それが上半身が回旋するタイミングが早くなってしまったからなのか、下半身が耐えきれないからなのか。そこで私の場合は、選手に声をかけて修正をうながします。そこで直らない場合は、ひょっとし

人は気になる箇所を無意識に触ろうとする。何気ない瞬間に現れる動作を見逃さないようにすることが大切

たら機能的な問題（身体の動きによって起きてくる問題）なのかもしれない。その場合が、投球を中止させたり、もしくは軽く投げさせたりとかっていうような、何かしらの障害の疑いを持って見るようにしています。常日頃から継続的に観察をしていくことを心がけています。

井脇　それは非常に大切ですね！　さらに言うと選手の普段の仕草など観察することも重要だと思っています。

——練習、プレーのときではなく？

井脇　そうなんです。例えば談笑していて肩が気になったら肩を、腰が気になったら腰を…というように。選手に限らず人間って誰もがそうですが、気になる箇所は触ろうという無意識な仕草が現われると思います。かばった動きなども何気ない瞬間に現れます。そういう仕草をいかに見逃さないように観察し、情報を収集することも大事かと思います。指導者もトレーナーも試合中は気を配りますが、疲労やトラブルの可能性があるような、ほんのちょっとした兆候の仕草を見逃さないように注視しています。

井脇
指導者は共通言語を持って状況を把握し、情報共有を図る

川村
指導者は、選手のコンディションを相談できる外部の方との関係性を作っておくべき

——井脇さんは、そういった危険な兆候を見つけたら、選手に声がけされるんですか？

井脇　兆候の程度によりますが、僕たちトレーナーの立場からは本人に、すぐに直接の声掛けはしません。試合中はなおさらです。選手はアドレナリンが出ているため、気づかないケースがままあります。その状況で先にトレーナーが気づいたことへの声掛けをすると、選手に不安を与える危険があります。まずは監督やコーチに報告し、情報共有するという流れになります。その後で「ストップするのか」「続行するのか」を、本人の感覚や意志も交えてやり取りし、試合後（登板後）にチェックをします。

——触れることで最終判断を……。

井脇　トレーナーが自身の免許の業務範囲内での診察や診断は行えますが、医療としての診察や診断ができ

図3 トラブルが起きた場合どうするか?

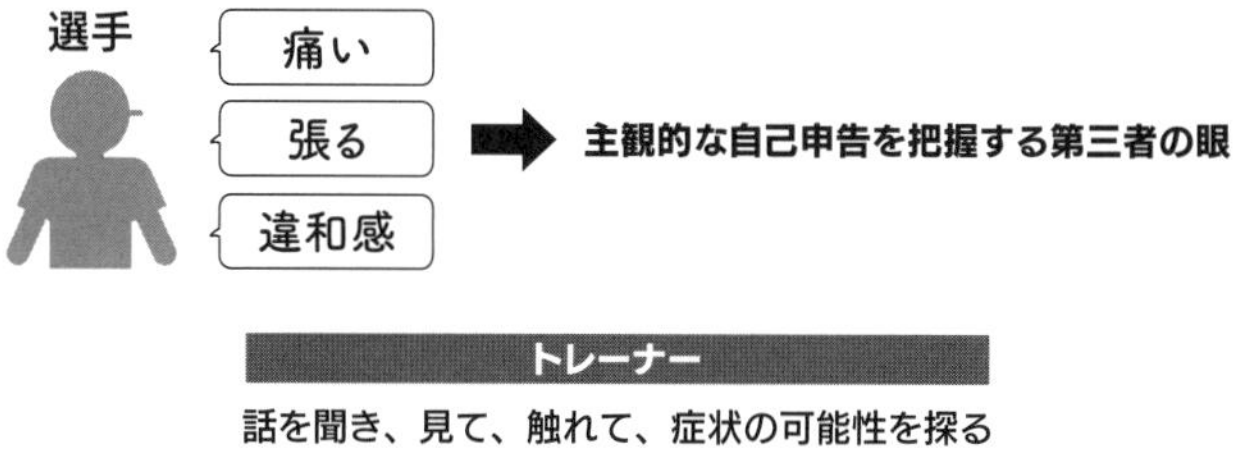

るのはドクターだけです。そのため、トレーナーはチームが連携しているドクターと連絡をし、医学的検査などを踏まえたのちに診断を受け、それを基に今後のプランを構築していくという流れになります。

――しかし、チームに井脇さんのようなコメディカルがおられればいいですが、先ほど川村先生がチラリとおっしゃったように、実際のところは難しいですよね。

川村　その解決方法として私が提案するのは、指導者は近隣のドクターであったり、接骨院の先生であったり、相談できる外部の方との関係性を作っておくべきだということですね。今の状況を話してアドバイスをもらえるような存在を持っておく。自分以外の、専門に近い方の判断を仰ぐという。

――医療でいうセカンドオピニオン的なものでしょうかね。

川村　それに近いですね。欲張った言い方をすると、指導者側の事情まで話ができる関係性が築けると、なおいいんです。「1週間後に試合があるけれど、どうでしょう」「この子は投げたがっているけれど、私はこう思う」というような。電話で話をするでもいいですし、メールや、スマートフォンで動画を撮って状況を見てもらったりすることもできる時代ですからね。

――それだけでもだいぶリスクは防げますね。

井脇　理想を言えば受診する際に、「肩関節の疾患ならば肩の」「ヒジ関節ならばヒジの」といったその部位を専門としているドクター、もしくはスポーツ選手の症例が多い病院への受診が望ましいですね。そうなれば川村先生の言うような症状と指導者、現場の状況を鑑みた関係性がより高まるのではないかと思います。それからトレーナーとして自戒を込めて言いますが、我々の見解や判断が決して１００%正しいとは限りませんし、全能感や固定概念を持たずに選手に対応しなくてはならないと常に思っています。だからこそ、現場において監督やコーチと共通言語でコミュニケートができることやしっかりと情報共有ができることが大事です。そして選手に対してできるだけかみ砕いて状況を説明し、今後はどのように進めていくとよいかという伝え方を決めていきます。トレーナーの独断ではなく、いかにチームに寄り添った対応ができるかということを、心掛けていきたいものです。

川村　トレーナーの方もふくめ、選手たちがケガなくプレーをしてもらうための関係性づくりというのは、指導者として強く訴えていきたいところです。

選手のコンディションを指導者だけで判断することは難しいため、トレーナーなどの専門家の存在が非常に重要になる

とにかく選手を観察し、違和感にフォーカスを当てていく。「木を見て森を見ず」にならないことが大切

④野球障害の予防に向けて

川村　ジュニア期に「よい投げ方をしているから、ケガをしない」ということはない

井脇　ケガには器質的要因と機能的要因が絡み合う

――ちょうどケガというお話が出たので、とくに若年層の野球障害についてお話をうかがいたいと思います。

川村　そうですね、この問題については、我々がいちばん皆さんに訴えたい部分です。

井脇　そもそも、ケガの原因となる問題として、身体の機能的問題、器質的問題と大きく2つに分けることができます。機能的問題というのは硬さ、筋力低下、緩みなど伴う組織の機能不全が引き起こす状態を言い、器質的問題というのは組織や器官が物質的、物理的に損傷を受けている状態のことを言います。

――それぞれ別の要因ということですね。

井脇　いえ、機能的な要因で問題が発生した結果、器質的な問題が発生する場合もままあります。一方、器質的問題が発症してそれを庇うことにより、機能面での不均衡が発生する場合もあります。この2つの問題は別々の事柄でなくそれぞれが複雑に絡み合ってケガにつながってしまうという言い方が正しいかもしれません。

――とくにジュニア期・ユース期においてですが、骨や筋肉といった身体の器質的な部分が成長していく時期ですが、酷使しすぎず、正しいメカニクスを行えば、ケガが少なくなるということでしょうか。

川村　そうとは断言できません。私たち指導者は、とくにジュニア期、小・中学生を指導する際に、よいフォームからよいボールを投げてもらうことを目指すわけですが、それゆえにかえってケガをしてしまうことがあります。動作的な問題であれば、指導者としてすぐに投げることを止めさせますが、関節の負担などに問題がなくても、成長とのバランスでケガをしてしまう可能性もあるんですよ。「よい投げ方をしているから、ケガをしない」ということはないのが怖いところです。

――なるほど。とくにジュニア期・ユース期のピッチャーに起こるヒジの故障がよくクローズアップされますが、それもそうした成長との関係が大きいのでしょうか。骨端線に原因があると聞きますが。

井脇　骨端線とは、骨の成長点のことで、骨の中央部と骨端にある軟骨部分にあたります。年齢を経るごとに成長が止まり、骨端線は閉じてくるのですが、成長期にある子どもたちは、この部分が柔らかいため、大人のようにヒジを上げた投げ方を繰り返すことで、靭帯付着部が引っ張られて小さく剥がれてしまう危険があります。これを上顆裂離骨折と言います。また、ヒジの内側の突起部分を内側上顆と呼びますが、ここに内側々副靱帯という靱帯がついていて、ここが剥がれてしまう場合（ヒジ内側々副靱帯性裂離骨折）もあります。これらは、器質的な問題ではありますが、機能的な問題でもあることがわかります。

川村　こうしたケガはいちど治っても骨端線が閉じ始める高校から大学生の時期に再発する、ということが少なくありません。メカニクスの項で「本来はヒジを上げるのが理想」としていますが、ジュニア期にはヒジを上げない投げ方、いわゆる野手投げのようなフォームがお薦めです。身体にかかるストレスも少ないという意味で、ヒジのケガのリスクを下げる最良の対策のひとつになります。

井脇
ジュニア期のケガの影響で、青年期や成年期でのレベルアップを阻害する要因になる危険性をはらんでいる

川村
ジュニア期の指導者は、選手に球速を求めず、休息を与えよう

井脇　あと、トレーナーとして見てきた経験でいうと、ヒジ以外でジュニア期に多いケガが腰椎分離症です。ジャンプや腰の回旋などスポーツ動作の繰り返しによって腰椎の後方部分に亀裂が入る、疲労骨折の一種で

図1 骨端線＝骨の成長線

子どもの骨

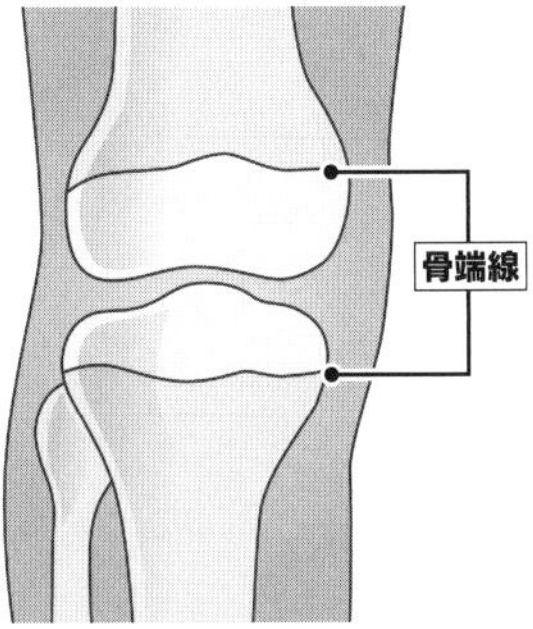

子どもの骨は、中央部と骨端の間に成長する箇所＝骨端線がある

図2 上顆裂離骨折と内側々副靭帯

子どもの骨

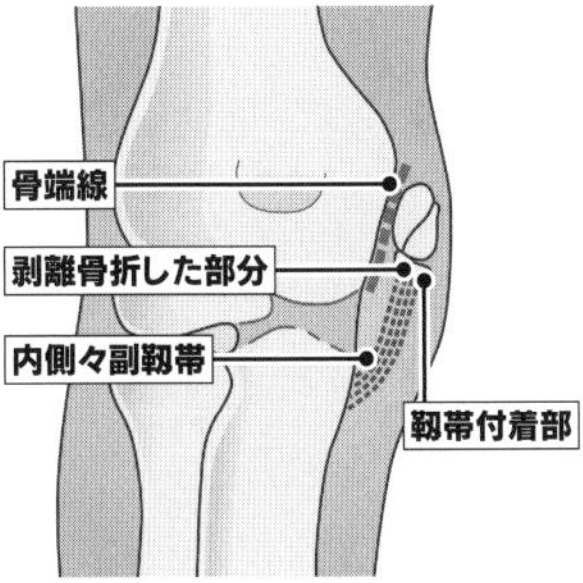

大人のようにヒジを上げた投げ方を繰り返すと、靭帯付着部が引っ張られて小さく剥がれてしまう危険性が高まる

図3 ジュニアの世代から多い腰椎分離症

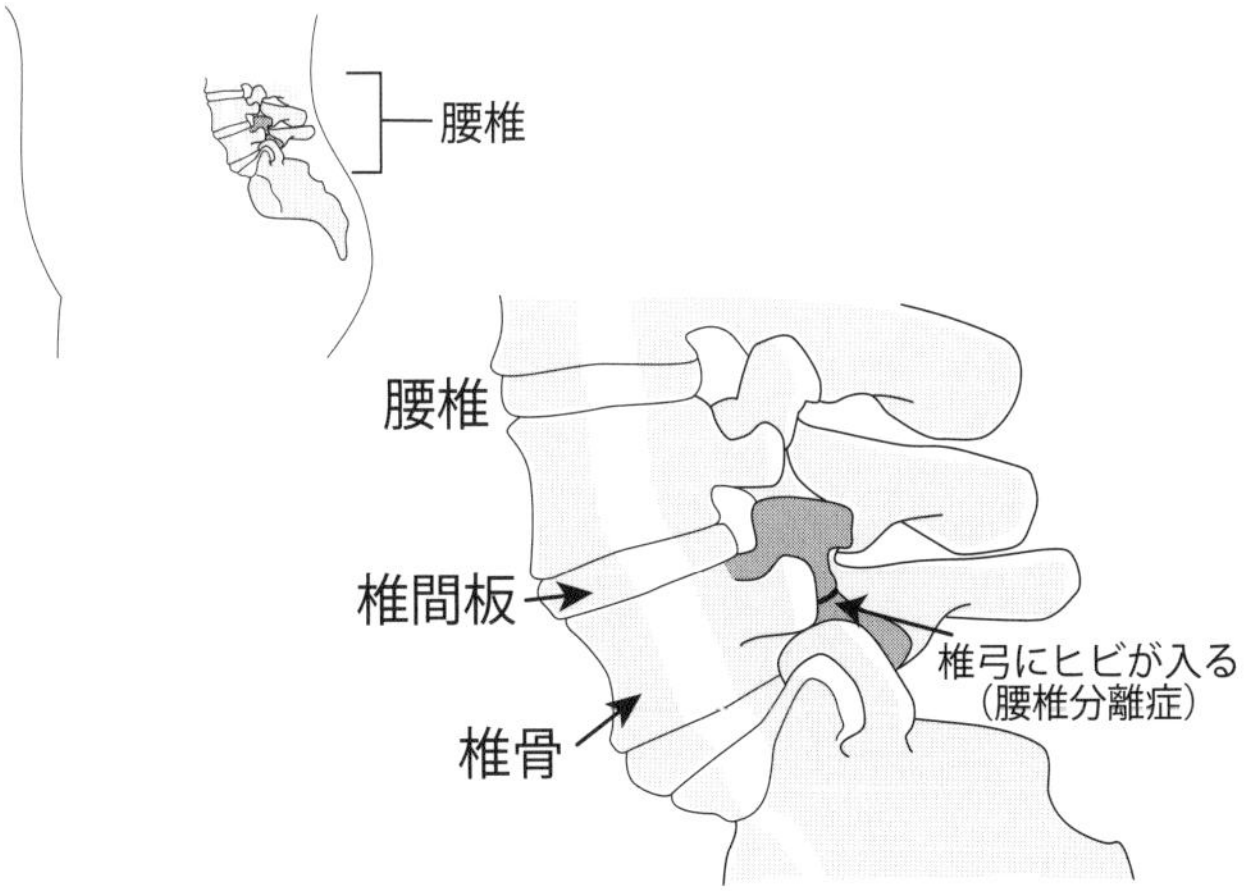

腰椎の後方部分の椎弓が疲労骨折する状態。成長期に多いケガとされている

す。腰椎分離は身体が柔らかい中学生から高校生の頃に発症しやすく、投手、野手（打撃）ともに発症するケースを見かけます。私の携わった中では既往歴含め投手で発症していた選手が多かったですね。

――それは……なぜわかったというか、どうして調べたんですか？

井脇　例えば、高校や大学でトレーニング指導を行う際に、自分のイメージで両足に5対5の重心が乗るように自然に立ってもらいます。そうすると、思いのほか左右のどちらかに多く荷重していたり、腰が引けていたり、身体が捻じれて立っている、などのケースが多く見受けられました。「支持脚に荷重しがち」という野球の競技特性の結果として表れている場合もありますが、本人に聞いてみると腰椎分離をはじめとする腰部や股関節などのスポーツ障害を過去に発症していたそうです。無意識のうちにかばっていたのです。ジュニア期の既往歴が青年・成年期でも影響してレベルアップを阻害する要因になってしまうことが少なくありません。先ほどのヒジの骨端線の問題もそうですが、非常にもったいないですね…。

――そういったケガが増える原因はどういったところにあるのでしょう。

井脇　先程も話題となりましたが、一因として小さな頃から野球に特化してしまうことがあるかもしれません。野球は同じ方向（一側性）の反復を伴う競技です。そして「投げる」「打つ」といった一方向の動きを何十回や何百回も、それも日々反復することがあります。そのため特定の部位に負荷がかかり、スポーツ障害の原因となってしまうのです。

川村　先ほどから申し上げているとおり、小さなころから野球に特化したトレーニングをすることで、「球速が上がる」などの出力が上がることになります。このことによって身体機能とのバランスがとれなくなり、ケガをする確率が上がってしまう結果となるわけです。極論ですが、私は「ジュニア期に球速を上げる必要はない」と思っているんですよ。それよりも、選手たちの将来を見据えた指導のほうがよほど重要です。現在はSNSなどでさまざまなトレーニングのやり方が広まっていますが、その前に身体組織の総体的な知識を得たうえで指導をしないと意味がない。

井脇 同意見ですね。それぞれのカテゴリーにあった指導法やあったフォームで無理のない投球を行うことが大事だと思います。そして、先ほどから繰り返すように、ジュニア期にはさまざまなスポーツ、遊びもどんどん行って、まずは身体の動かし方を覚えることからはじめるのが大前提です。

川村 先ほどの運動アナロゴン、子どものうちに覚えた動きの引き出しが多いほど、大人になっても動きの習得が楽になり、ケガの回避にもつながりますからね。あと、大事なことがもうひとつ。これは自分も含めた指導者が、成長期の選手たちにできることは、球数を制限したり、間隔をおいて投げさせることです。アメリカで発表されたある研究論文によると、1年間に4ヶ月以上投球をしないピッチャーは、投球日数がそれ以下の選手よりケガが少ないというデータも出ています。よいボールを投げるピッチャーに対しては、どうしても指導者として「次の試合も投げさせたい」という思いに陥りがちですが、この考えを改めることが必要ですね。

⑤ウォーミングアップの役割と動作

川村 大きなボールを使ってゆっくり投げて、大きな筋肉を温めることからはじめよう

井脇 ウォーミングアップは、自分の投げる筋肉の使い方をシミュレートすること

――ここからはケガの話から離れて、先ほどからポイントに上がっている試合前の準備、ウォーミングアップについて聞かせてください。

川村 野球のウォーミングアップの役割は、筋温を上げて身体を温めることで筋肉の粘性を低下させ、神経の伝達速度を上げることです。それによって筋力をスムーズに発揮できるようになり、関節の可動域が向上します。

井脇 付け足しますね。野球に必要な様々な動きをウォーミングアップに取り入れることで、技術要素の準

図1 ウォーミングアップの意義

ウォーミングアップ＝筋温を上げる

⇩

筋肉の粘性を低下

⇩

神経の伝達速度をアップ

⇩

筋力をスムーズに発揮

⇩

関節可動域向上

備になります。よく「ウオーミングアップはどのくらいやるといいのですか？」と聞かれますが、ひと言で答えるのは難しいですね（笑）。要素には、「横や後ろの動き」「動いて止まる」などを盛り込み、疲労度や季節にもよりますが20～30分くらいが目安でしょうか。

また現場でよく見かける傾向は、スタートの前からほぼ前足に荷重し、上半身が前のめりでフライング気味に動くことです。投手は地面を捉えて荷重して蹴るという動きで生み出した力を、運動連鎖によってボールへ伝えることが重要な要素です。横着せずにバランスよく立ったポジションからスタートして欲しいです。

チーム全体のメニューだけでは全てを網羅することは難しい選手がいます。「すき間時間（集合前、グラウンドに来た時）」が必ずあるはずなので、そこで必要な要素を取り組む貪欲さは欲しいです。

――たしかに。

図2 大きなボールを使う意義

手元の操作でトータルをとりがち＝大きいボールなら手先で動きをごまかせない

ゆっくり投げて、大きな部位からあたためる

井脇　メカニクスの項でもお話しましたが、下半身は日頃から体重を乗せているので、ほとんどの選手が、段階的にウォーミングアップをしていくことは、無意識のうちにわかります。でも、上半身、肩・ヒジに関しては、日常では意識しないと使わない部位ですよね。しかも最終的にボールへ力を伝えるという伝達動作は、特殊なものです。筋肉が伸ばされたエキセントリックの状態は、思いのほか負荷がかかるので、いきなり動かすと組織のほうがびっくりしてしまうんです。

――井脇さんが上半身のウォーミングアップで行うトレーニングは、具体的にどういうものでしょうか。

井脇　環境によって違いますが「投げ」につなげる全身運動的なドリルの1例を第4章で紹介します。メディスンボールやロープなどを用いて、いきなりパワーを出さずにゆっくり大きく投げることからはじめます。道具を用いる理由は、極力指だけで行えてしまう操作を排除して、投動作に関連する操作を行いたいからです。ピッチングの場合、例えば肩甲骨や胸郭の可動性が落ちて運動連鎖がうまくいかなくても、指の操作でごまかして投げられます。そういうことに陥らないためにもウオーミングアップの時に、まずは全身を使った大きな動きをし、最終的に指を絡めたドリル、そしてキャッチボールへと移行していきたいものです。

川村　この方法はとても理にかなっていると思いますね。いきなり小さなボールを投げてしまうと、手先の動きにフォームを合わせていく動作になってしまい、メカニクスを狂わせることにつながります。これとは逆に、大きな筋肉を動かすことからはじめて、最後にキャッチボールをする、というのは正しい段階の踏み方ですね。ただ、ゆっくり投げる、という動作は難しいんですよ。

井脇　そうそう、出力を抑えて投げるというのは、ことのほか難しい。できるだけ手先を使わず、さらに的をしぼらずにボールを投げるというイメージでアプローチしてみるといいと思います。

――川村先生は、選手たちにウォーミングアップを指導する際に、なにか伝えることはあるんですか？

川村　自分が普段投げている筋肉の使い方を覚えておいて、その使い方をシミュレーションしながらウォーミングアップして、キャッチボールの段階ではあとは腕を振るだけ、というところに持ってきてほしい、ということをいいますね。つまりは、先ほどの「己を知る」に行き着くんですけど、自分の基準点をしっかり記憶していれば、トップのコンディションに持っていくために、自分がウォーミングアップで何を修正しなければいけないかがわかるわけです。ケガを防ぐという意味でも、これは大事なポイントになります。

川村
ブルペンでの投球過多は、不安の表れ

井脇
ブルペンに入る前までのコンディションに自分なりのルーティンを確立させよう

――ところで、先発ピッチャーは決まった時間にウォーミングアップしますが、中継ぎのピッチャーは試合の流れによって、まちまちの時間にウォーミングアップをしなくてはなりませんよね。

川村　指導者としてはなるべく「このイニングからいくぞ」と伝えるんですけど、試合展開によってはどうしてもそのとおりにはいかないこともありますね。

井脇　カテゴリーによって違いはあるようですが、日本は長時間、まだスタンバイのコールがないのにも関わらずブルペンで投げることが多いようです。まだ出番とは思えない時や試合開始直後から投げていたり…。野球は瞬発系の能力が求められ、かつコントロールしてボールやバットに力を伝達する競技です。けれどもブルペンで長時間投げ込んでしまうと持久系の機能が優位になり、結果的にパフォーマンスを下げることになりかねません。さらに緊張の持続がストレスとなり、疲労が増す一因になってしまうかと危惧します。古今東西名だたるアスリートは、こういったメリハリがうまいと聞きます。

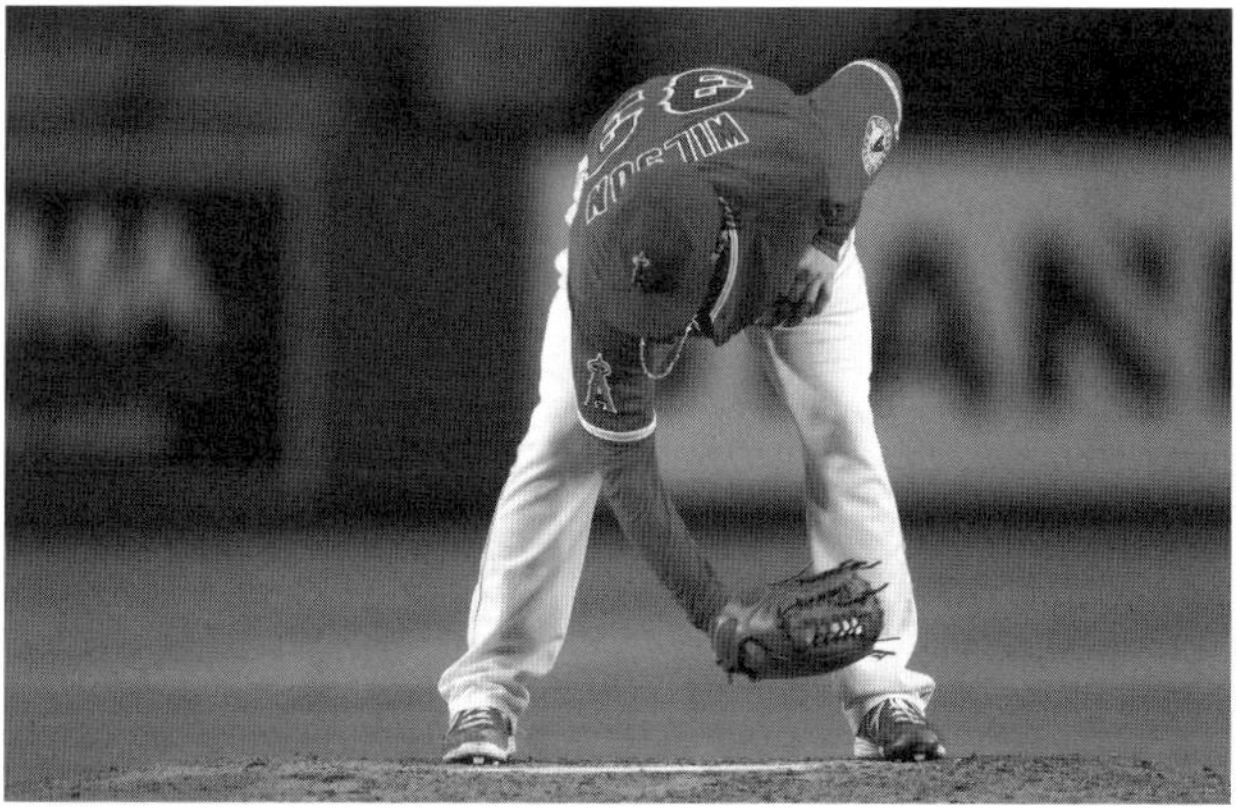

大リーグでは、投げる前のコンディションづくりを丹念に行うため、ブルペンでは短時間で仕上げてマウンドに上がる

川村　判断が難しいところがありますが、何度も肩を作ってしまうのは、選手としては不安を取り除きたいという気持ちの表れでもあるんですよ。技術的にどうこうというわけではないんですね。だから、自分の投球の動きをシミュレーションしてほしい、というんです。自分がすべき投げる前の準備がわかって、己の基準がわかっていれば、その不安も減って、ブルペンでの投球数も減るでしょう。

井脇　私もそう思います。「想定力」＝シミュレーションは、「投げる前のコンディションのルーティンを確立する」ことを積み重ねていくことです。最初のほうで話したと思いますが、どんな人も出番の前は必ずと言っていいほど「とてつもなく緊張」しています。私は学生を指導する際に実例を挙げながら「緊張は恥ではない。競技に対して真摯に取り組んでいるから現れるもの」だと話しています。

⑥クーリングダウン

井脇　クーリングダウンは身体のケアだけではなく、己を知る「気づき」の場

川村　「調子の良し悪し」や「フォームの良し悪し」を俯瞰で見ることにつながる

――投げ終わった後には、クーリングダウンというプロセスがありますが……。

井脇　これは、他競技に比べて野球が最も軽視している部分だと思います。とくにピッチャーにとっては、クーリングダウンは必要不可欠なものなんですが。

――具体的には、どういう意味を持つんでしょうか。

井脇　ピッチャーは同じ方向への動きを、先発、セットアッパー、ストッパーどの役割でも試合、練習でもキャッチボール、ピッチング、投内連携などで200回以上は反復しています。その結果、身体に歪みを引

き起こすリスクが高まります。それから身体の組織レベルでは何かしらのダメージを受けています。また、ピッチングにおける筋肉の収縮を考えると「力を発揮することに対して優位に活動する」「身体の支持のために活動する」「衝撃を吸収するために活動する」などフォームの局面によって負荷のかかり方も異なり張り方も変わってきます。そのため、いかに血液の循環をよくして組織の修復を促し、関節の柔軟性や筋肉の弾力性を保つか、あるいは回復させるかが大事になるので、クーリングダウンが必要です。

川村　近年のスポーツ界では、「リカバリー」という言葉が重要視されています。強度の高いトレーニングをしたら、その回復に充てる休み時間を十分にとる、ということなのですが……ただ、「休息＝まったく動かない」という意味ではなくて、積極的に回復をさせる（リカバリー）方法なんです。具体的には試合出場後に、軽いジョギングやストレッチングなどを行うことでケガを防ぎ、身体のケアをします。

――アイシングで炎症を抑えたり、マッサージなどもクーリングダウンのひとつですね。どういった箇所を重視すればいいんでしょう。

井脇　その1つとしてピッチングの局面でブレーキング（減速）に関連する筋群に対しては特に注視します。この理由を車や自転車に例えると、エンジンの能力が優れていてもブレーキなどの制動能力がいつもより低い（調子が悪い）と、必然的にスピードを抑えたり、乗ること自体を止めることが必要でしょう。もしも気にしないで飛ばすと、ボディーや足回りへのストレスや事故の危険度が高まります。これがピッチングでは、ブレーキングに関連する筋群のコンディショニングが良くない、加速筋群に対して減速筋群のバランスが悪いということになります。肩の後ろ側や前腕伸筋群、上腕二頭筋、臀筋、ハムストリングスなどは強いブレーキングをかけている部位なので入念に対応します。そのようなことを通じて、「自身のピッチングとコンディションとの気付き」が増えるといいなと考えています。

――「気づき」？ それはどのような？

井脇 たとえば、「抑えた」「打たれた」に関わらず、いいピッチングをしたときには「いいときにはこの箇所に張りが出てくる」ということがわかるわけです。悪い時にも「ダメだった」で終わるのではなく、どこがダメだったのか、なぜダメだったのか振り返りができる、己を知るチャンスの時なのです。

川村 そうですね。このように考えることを継続することで、自己評価の軸ができていきます。ひいては「調子の良し悪し」や「フォームの良し悪し」をはかれるようになる。このような思考がピッチャーとしては大事です。ピッチャーが調子を語るときには、どうしても感覚に頼りがちです。もちろん感覚は大事なんですが、同時に自分を俯瞰で見る習慣をつけるようになりたいですね。

井脇 この思考をルーティン化することで、自身のコンディショニング、ひいてはパフォーマンスに関する引き出しが増え、自分にとって外せないトレーニングは何かなどわかってきます。これが今回、最初からお話ししている「己を知る」ことになります。

第4章

ワンランク上のストレートを投げる土台を作る

土台強化のポイントと注意点

図1 加速／減速に関与する筋肉

「加速する筋肉」
エンジンの役割
ばかりだと
身体がつぶれる
「減速する筋肉」
ブレーキの役割
によって
バランスを保ち、
力のあるボールが
投げられる

加速・減速筋群のバランスにより、腕を振れる

加速に関与する筋肉と減速に関与する筋肉をバランスよく鍛える

この章ではワンランク上のストレートを投げるための土台作りとなるトレーニングを紹介します。実際のトレーニングを紹介する前に、いくつかの注意点をあげておきます。

これまでの章でも説明していますが、ピッチングで使う筋肉はピッチング局面によって「加速：力を発揮する」「支持：身体を支える」「減速：衝撃に対応する」の役割に分類できます。加速と減速の役割は拮抗した関係性があります。

わかりやすい例としては、自動車のエンジンとブレー

図2 ピッチングで使われる「減速、支持筋力」の一例

出力方向
肩の後ろから背中にかけてリリース時から減速作用が起こる
足のお尻、ハムストリングスで接地時の衝撃を受け止め、姿勢を保つ
接地時、大腿四頭筋群が優位に働くと、体重移動時に粘れない

キとの関係です。エンジンの性能が高くてもブレーキ性能が低いと必然的にスピードを出せないのと同じで、ピッチングでも減速の機能が十分でなければ、加速する機能を活かせません。つまり腕を振りたくても振れない、或いは無理して投げた結果、故障に繋がるという事です。

下半身に関しては、踏み出し足接地時に衝撃を吸収し、体勢を保ちながら体重運動が行われた後、力を発揮するという収縮様式になります。筋肉に減速や衝撃吸収の役割を求められる際には、エキセントリック収縮（筋肉が収縮方向とは逆に伸ばされながら筋力を発揮）という強い負荷がかかり、対応するトレーニングが必要です。このようにピッチングメカニズムを理解した上で、バランスのよいトレーニングに取り組むことが必要となります。

写真1 「視線をまっすぐに保つ」ことを忘れない

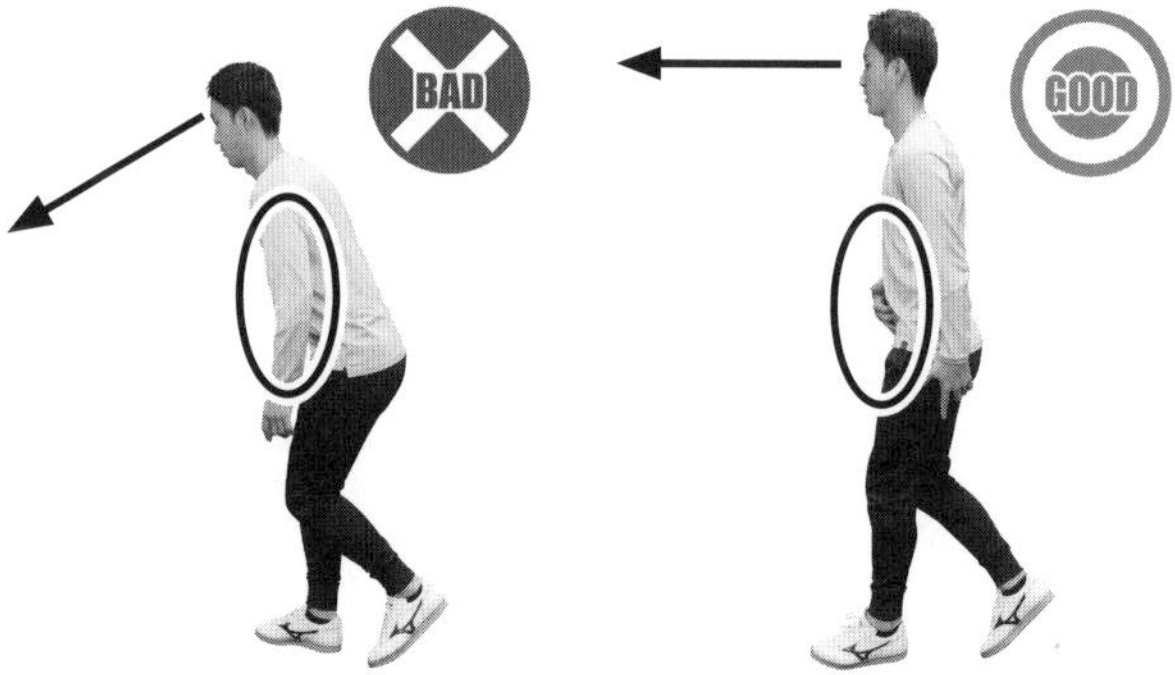

視線が落ちると、腹圧が抜けてしまい、本来の目的が達成できない

視線を前に保っていれば、腹圧も入った正しい姿勢でトレーニングできる

「力を伝える」は「力を入れる」ではない

トレーニングを取り組む際に陥りがちな現象をお話しします。

野球は運動連鎖によってパフォーマンスが発揮されます。つまり「力を伝える」ということです。しかしそれが「力を込める、入れる」という認識になっている選手は少なくありません。

野球に限らず、トップアスリートのパフォーマンスにおいて、口元を見ると、ほとんどは口が開いています。つまりリラックスしている証拠で、過分な力が入ってしまうと運動連鎖の妨げになる可能性があるということです。

トレーニングの際も同様に「力を込める」意識が強く、呼吸を止めてしまう選手も多く見られます。自然な呼吸

図3 デュアルタスクとは

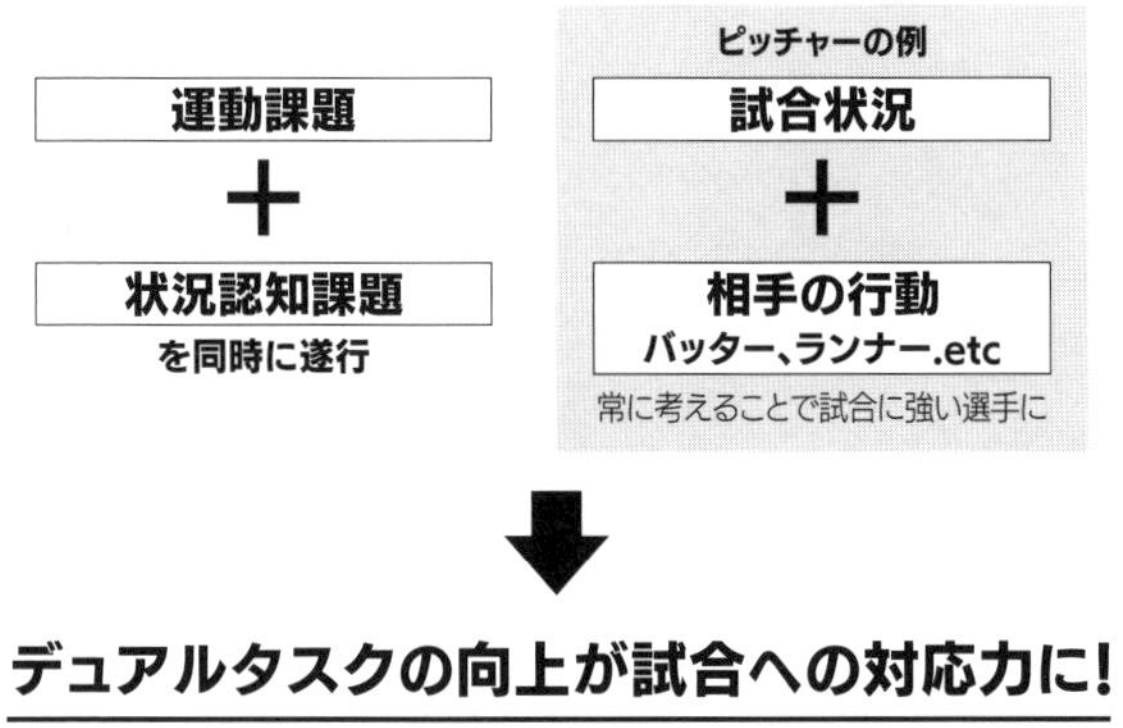

の範囲で取り組む心掛けが望ましいです。

「視線」も重要なポイントです。トレーニングを行う際、多くの選手が下を向きがちになります。理由の多くは、自身の身体が正しく操作できているかを目視確認するためです。そうなると「背中が丸くなり、腹圧が抜けた悪い姿勢」になってしまいます。その姿勢では、複合関節運動が求められる野球のトレーニングにとって、本来の目的を達成することができません。

加えて、野球は運動課題と状況認知課題を同時に処理する高度なスポーツスキル「デュアルタスク」が求められますが、「目からの情報＝ボールを介して〇〇する」というシステムを構築するためにも視線は重要です。その観点からもトレーニング時から心掛けていきたいものです。

図1 動きへの変容：技術要素への転換

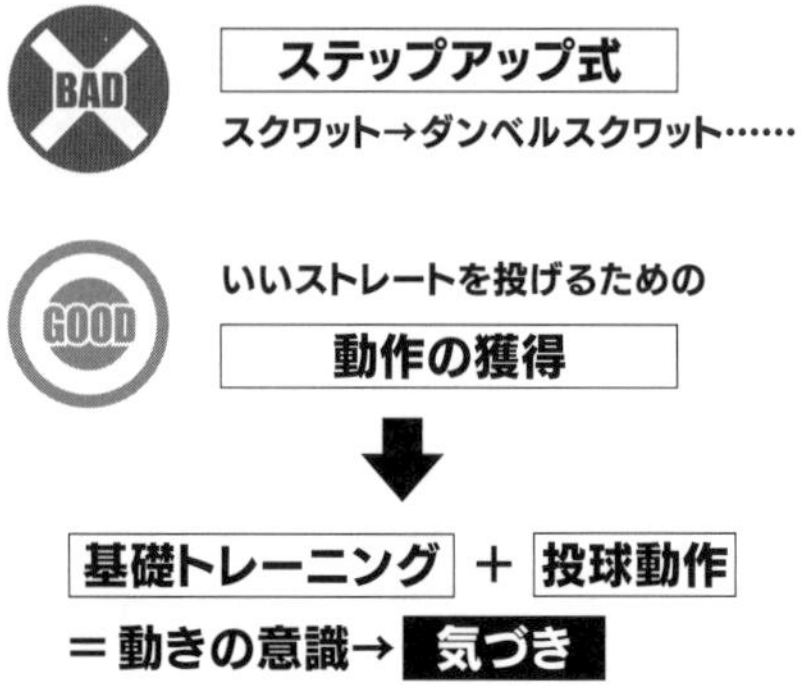

基礎動作と投球に近い動作の組み合わせで「気づき」を得る

ピッチングの下地となるトレーニングは、これまでにも述べたように多くの要素が求められます。

しかしこれは「AができたらB」といったような単純な積み重ねではありません。様々なトレーニングを組み合わせることと同時に、専門性の原則に基づいた技術要素のトレーニングや動作を織り交ぜることが必要となります。基礎トレーニングのあとには、ピッチングに近似した動作を行うよう促します。例えば、股関節回りの可動性を獲得するメニューを行ったあとに、シャドーピッチングやネットスローなど投動作関連の動きを取り入れ

写真1　気づきを得るための練習の一例

ます。こうすることで、基礎トレーニングで使われた股関節の機能が投動作の中でも使われ、選手の「気づき」に繋がります。

これは神経系の改善、つまり動きの感じやコツを体得することによって「動きの変容」を導くことを目的とします。技術比重が高い野球には特に外せません。

しかし最近は「答え合わせ」をしたがる選手が多く見られます。トレーニングの前に目的（動作や筋肉）を伝えすぎてしまうと、コツをつかもうとせず、単に目的をトレースして終えてしまうことがあります。私は取り組んだ後に選手の口から体感した感想を述べてもらうようにしています。

選手が気づきを通じて習得し、パフォーマンスに反映されることが最終目標です。言われたからやるといった義務感での取り組みは、トレーニングの意義を半減させてしまいます。

図2 トレーニングの目的とする動きで反復することが重要

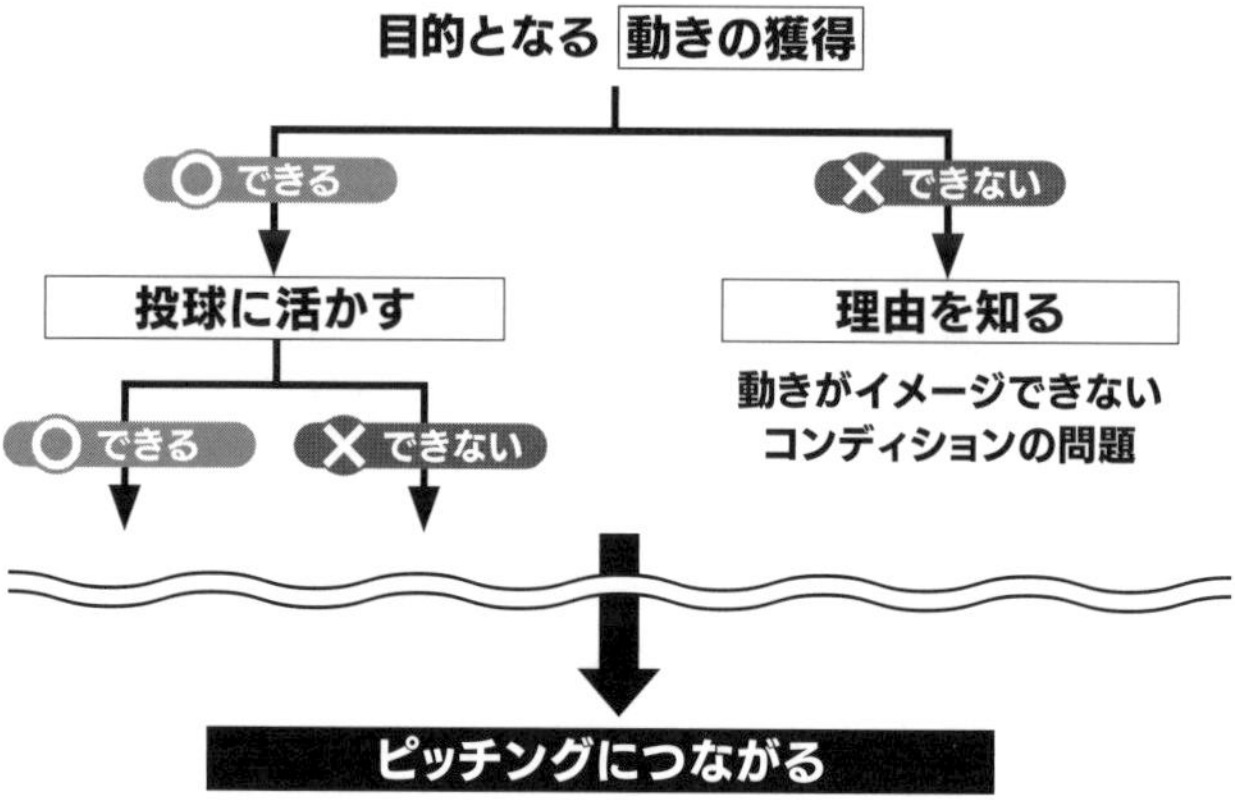

「これをすれば絶対うまくなる」というものはない

身体の知識を得たうえでトレーニングを重ねていくと、自己評価の基準というものがわかってきます。それを基に「その日の状態によって臨機応変に調整する」ことが理想的なのですが、実際は難しいものです。

回数やセット数については、トレーニング論に基づいた目安はありますが、そのトレーニングの目的とする動きで反復し、身体に刺激を与えることが重要であり、回数をこなす事自体が目的ではないのです。ある運動で設定した回数ができず、5回が限界の場合、それが現状の基準点になり、その積み重ねによって基準点が変化するのです。最終的に獲得した要素がパフォーマンスに繋がっていくのがトレーニングの本来の意義です。

近年、インターネット（SNSやYouTube）上で

トップアスリートは「自身の能力」や「状況」を見極めたうえで必要なトレーニングを行っている。そのためにも「己を知ること」が必要だ

は様々なトレーニング法の紹介や、アスリート自身がトレーニング風景をアップするなど情報が溢れています。中には「これを行えばパフォーマンス向上、球速アップ！」など、勇ましいキャッチコピーを目にすることがあります。

しかし「これをしたら絶対上手くなる」というトレーニングはないと考えています。様々な要素の積み重ねなのです。

導入する際には自分の能力、状況、課題がマッチングしているかを判断すること、そのためにも「己を知る」ことが大切です。そうでないとレベルアップはもちろん、ケガにつながる危険性があります。

現状を見つめ、最良のパフォーマンスを出せるように鍛錬をしてください。

この章のトレーニングはすべて、次の3つのレベルに分類しています。各トレーニングの紹介に入る前に、それぞれのレベルの意味を理解してください。

身体機能調整レベル

ヒトとしての基礎となる身体機能であり、かつピッチングという特徴的な動作においても必要である要素です。そのため、投げ続けることによって表れる影響だけでなく、日常生活においてもバランスが崩れやすい要素です。導入タイミングとして、ピッチングを行う時以外にも、ウオーミングアップなどの動き出しの場合やコンディショニングを整えるための毎日の習慣化にして取り組んでも良いです。

投動作基礎機能レベル

身体機能調整レベルと近似した要素ではありますが、ピッチングに関連する要素の1部をピックアップして作成されました。毎日の習慣化にしても問題ないですが、負荷も高くなるため、ウォーミングアップで導入する際には、十分に動ける準備が整った段階で取り組むのが望ましいです。トレーニングに対して身体を操作できたか否か、どこに張り（使った感）などを感じたか、という気付き、意識付けが重要となってきます。

投動作応用機能レベル

投動作に必要な要素の中でも負荷が高く瞬発系の動きが求められ、より動きがピッチングに近似した「総合運動レベル」です。投動作基礎機能レベルよりも高いレベルの身体操作と動作に対しての感性が求められます。種類が異なりますが、すべて体重移動、荷重という、下半身への負荷をかける内容のため、トレーニング時の導入（2日に1回程度）やコンデイションに不安のない時に取り組むのが良いと思います。

井脇流トレーニングのレベル分類

基礎内容編

1 身体機能調整レベル

①バックスキップ/斜めバックスキップ
②前後切り返しジャンプ
③連続バックジャンプ
④交互はめ込みサイドキック
⑤足斜め上げ
⑥ランジ/ツーステップランジ
⑦骨盤回しステップ
⑧ストレッチポールで上半身ねじり
⑨棒担ぎ回旋運動
⑩ウレタン棒スイング

2 投動作基礎機能レベル

①チューブ抵抗下で片足立ちキープ
②踏み出し脚キープ＆ステップ
③バランスボール挟み骨盤回旋
④股関節入れ替え
⑤壁ドン股関節回旋
⑥バランスボール8の字行進
⑦バランスボールスロー
⑧ロープを用いた肩遠心運動
⑨プールスティックでスローイング
⑩棒を用いてヒジ抜きスイング

応用内容編

1 投動作応用機能レベル

①ポールを持って投動作体重移動
②チューブエクステンション
③踏み出し・リターンスライド
④棒を担いで併進運動
⑤ペアで片足立ち体重移動

身体機能調整レベル①

バックスキップ／斜めバックスキップ

股関節の位置を安定させるための動きを獲得する

人間は日常生活において、身体の筋肉の後ろ側を使うことが前側を使うことに比べて少なくなります。肩や首が凝ったり、腰痛などもこのことに起因しています。野球でも同様で、身体の前部の筋群が優位に使われ、後ろ側の筋肉のボリュームが少ない状態になります。

真後ろにスキップすることによって、臀筋群とハムストリング群の動きを整えます。斜め（後ろ45度）の動きを取り入れると、お尻の横にある中臀筋に刺激がいきます。これらの箇所をトレーニングすることで、お尻の筋肉を締めて、股関節の位置を安定させることに役立ちます。その際に、腹圧（おへその下、丹田）を意識してへっぴり腰にならないよう注意することです。どちらのトレーニングも10ｍから塁間くらいの距離で行うといいでしょう。このトレーニングはウォーミングアップなど日常的に取り入れると効果的です。ちなみに、移動時間の長い大リーグでは、身体バランスを整えるため、こういう動きを意識して取り入れているチームもあるようです。

バックスキップ

1

お腹（丹田）に意識を持ち、足を振り上げ、後ろ向きにスキップをする

2

スピードは気にしなくてよいがリズムよく足を切り返す

斜めバックスキップ

1

斜め後ろ45度に足を踏み出す

2

ツースキップ（3,4でもよい）を踏んだら、今度は逆側へスキップ

腹圧が抜けてへっぴり腰になる

CHECK POINT

意識する箇所

（真後ろの場合）臀筋群、ハムストリング
（斜め後ろの場合）中臀筋

注意点

腰が引けてへっぴり腰にならないよう、お腹に意識をもつ。足の運びは足全体で動かすイメージで行う。

身体機能調整レベル②

前後切り返しジャンプ

下半身の関節のスイッチを入れ、身体の連動性を得る

このトレーニングは両手を地面に対して平行に上げたまま、膝を軽く曲げた姿勢から前や後ろへ連続でジャンプします。着地する際には衝撃を吸収する感覚を持ってください。

太ももの前の機能と腿の後ろの機能を、連続して動かすことによって、関節の働きのスイッチを入れ、身体の連動性を獲得することを目的としています。スムーズな動きになるよう、日頃から取り入れていくと効果的です。

この運動で一番多い失敗例が、跳ぶことにとらわれすぎて、腹圧が抜けて下を向いてしまうことです。視線は正面を見据え、太ももの後ろ側の筋肉と臀筋群で動きを制御するような意識を持って取り組んでください。なお移動の意識ですが、前側に3、後ろ側に7くらいのイメージでジャンプします。慣れてきたら、切り返しを早くしたり、ジャンプする距離を伸ばすとよりハードなトレーニングになります。

1 背中が丸まらないように手を地面と平行な高さにあげる

2 そのまま前へジャンプ

3 着地したら後ろへ少しジャンプで戻る

4 着地したらまた前へジャンプ。慣れたら切り返しを早くしたり、ジャンプの距離を伸ばすとよりハードになる

NG

視線を下げると腰が曲がって前のめりになる

CHECK POINT

意識する箇所

腹部（腹圧：へその下）、臀筋群、ハムストリング

注意点

腹圧が抜けると、下を向いてしまう。腹筋背筋で上半身の姿勢を立った状態に保つことを心がける。

連続バックジャンプ

下半身の出力とブレーキの感覚を身につける

腹圧を意識して、後ろへジャンプするトレーニングです。この動きに慣れてきたら連続でジャンプします（6～10回くらい）。注意する点としては、目線は正面を見据え、腕を振るタイミングで飛びます。移動距離はＮＧの項目に記載しているような姿勢にならない範囲で調整します。

下半身の後ろ側（ハムストリング、臀筋群）を意識してジャンプし、衝撃を吸収するように柔らかく着地します。背中が丸まったり、飛んだ後に前のめりになってしまう場合には、腹圧が抜けてしまったり、大腿四頭筋群の収縮が勝っていることが考えられます。

これまでの4種類のトレーニングは、第2章でも解説しましたが、ピッチングにおいて重要である股関節に関連する筋肉のバランスを整えることにつながります。

START

腹圧を緊張させた状態で前屈みに

1 上半身の姿勢を保ったまま

2 大きく後ろへジャンプ

3 腿の後ろの筋肉で衝撃を吸収する

背中が丸まったり、跳んだ後に前のめりになるのは、腹圧が抜けたり、大腿四頭筋群の収縮が勝ってしまっている証拠

CHECK POINT

意識する箇所

腹部（腹圧：へその下）、臀筋群、ハムストリング

注意点

腹圧が抜けて下を向かないよう、目線を正面に見据え、上半身の姿勢を立った状態に保つことを心がける。

交互はめ込みサイドキック

ピッチングに重要な股関節の操作性、動的可動性「はめ込み」を知る

股関節の基礎機能を高めることは、ピッチングにおいては非常に重要です。ここでは、そのうちの1つ、操作性並びに動的可動性を獲得するためのトレーニングをご紹介します。

蹴り足を前に出し、時計の振り子のように、大きく横へキックします。元の位置に着地させたら、次は逆の足を同じようにキックします。トレーニングの際は、上半身の姿勢はもちろん、左右の内股同士がぶつかるように交差させるように意識してください。

動かしている足のほうに目的や意識が向きがちですが、支持脚の安定性も重要なポイントです。足のスイングに合わせて支持脚がぐらついてしまわないように踏ん張る意識を持って下さい。

最初のうちは、足を振り上げる際に、どうしても骨盤（身体）をひねる動作が入ってしまうと思います。ひねりをできるだけ抑えるのは、難易度が高いですが、トレーニングの効果も高まりますので、慣れてきたらチャレンジしていきましょう。

1

まっすぐ正面を向いて立つ

2

蹴り足を前に出し、内股がぶつかるようにキック。支持脚がズレないよう注意

3

蹴り足を元の位置に着地

4

次は逆の足を同じようにキック。これを交互に繰り返していく

CHECK POINT

意識する箇所

股関節、内転筋

注意点

支持脚がぐらつかないようにキック。内股同士がぶつかるように交差させる。

身体機能調整レベル⑤ 足斜め上げ

つながります。

骨盤・股関節の動きの安定をはかる

単純な動きですが「姿勢を支持する」というピッチングにおいて大切なトレーニングで、股関節の安定に

リラックスしたポジションで立ちます。視線を前に見据え、片足を斜め後ろ方向へ3秒ほどかけて上げ、また3秒ほどかけて元のポジションに戻します（8〜10回程度）。足を上げる度合いですが、身体が上げた足の斜め方向へ傾かない程度を目安にしてください。正しい動きの場合、お尻の横側（中臀筋）にじわっと刺激がかかる感覚を得られます。重要なポイントは、操作している足は「反動を使わなく、自分でコントロールして上げ下げすること」です。支持脚はふらつかないように腹圧も意識してバランスを保ちます。うまく機能していない場合は、頭が身体より前に出てしまったり、骨盤周りがふらついてしまいます。慣れてきましたらそれまでの3秒から5秒程度に時間を伸ばしてください。この姿勢が難しい場合は、手を壁について取り組んでください。足首周りにチューブを巻きつける方法もあります。

1

リラックスしたポジションで立つ

2

ゆっくり3秒ほどかけて、足を斜め後ろに伸ばしていく

3

次は同様に逆の足も行う。これを交互に繰り返す

腰が折れないように、腹圧に注意

CHECK POINT

意識する箇所

操作脚：中臀筋、支持脚：膝周り、内転筋、お腹（腹圧）

注意点

斜め後ろに上げ下げするのを自身でコントロールしながら行う。

身体機能調整レベル⑥

ランジ／ツーステップランジ

ピッチャーのために特化したランジ

下半身を強化するベーシックなトレーニングのひとつに「ランジ」があります。まっすぐに立った状態から、片足を前に出し、重心を下にかけてピタッと止まります。このときに左のNGのような姿勢にならないようにする、という写真4のポジションを取ります。連続して（交互にしてもOK）片足につき8〜10回反復します。この基本がきちんとできたうえで、ピッチャーのために特化したランジが、ここで紹介する「ツーステップランジ」です。1歩、2歩とスキップして、3歩目を大きく踏み出してランジを行います。

投球時には前に向かうスピードを、ピタリと止めるブレーキの役割をする筋肉が必要だと述べてきました。ここではその筋肉、とくに腿の裏とお尻で受け止める感覚を手に入れましょう。

このときには投げるときと同様に、身体がぐらついたり、傾いたりしないよう、お腹に力を入れて、キャッチャー方向へ姿勢を向けるように注意してください。特に踏み出した足が内側に入ったり、膝が足部より前に出ないようにします。

1

前に1歩ステップ

2

もう1歩ステップ

3

3歩めのステップで

4

大きく踏み込む

NG

バランスを崩して前屈みになったり、後ろに反ったりしないよう

CHECK POINT

意識する箇所

ハムストリング、臀筋など

注意点

踏み出した足が内側に入ったり、膝が足部より前に出ないようにする。

身体機能調整レベル⑦

骨盤回しステップ

骨盤を左右に入れ替える感覚をつかもう

ここで紹介するのは、「腹圧がかかりながら腸腰筋を動かす」という、股関節の操作性を高めるトレーニングです。このような動きが骨盤のスムーズな回旋の動きにつながります。

足の付け根から片足を上げ、身体の中心へ向かって股関節を回します。左右交互に、リズミカルに繰り返しましょう。このときに上げた足の膝がへその上を通るように意識します。

ピッチングの際には、骨盤を回旋させて、左右を入れ替える動きをします。人間は足を踏み出したり、引き上げるような動作の時、太ももの前の筋肉を優先的に使いがちです。腸腰筋やハムストリング、臀筋群など、股関節に関与している筋肉とバランスよく機能することによって操作性が高まり、骨盤の動きにも影響を及ぼすピッチング動作につながります。ただ、これは投球時に大きな力が発揮できず、しかも出力を吸収できないので、ケガにつながることになります。膝周りや腿の前の筋肉だけで動かそうとすると、上半身が反っくり返ってしまい、左右に流されるので注意しましょう。

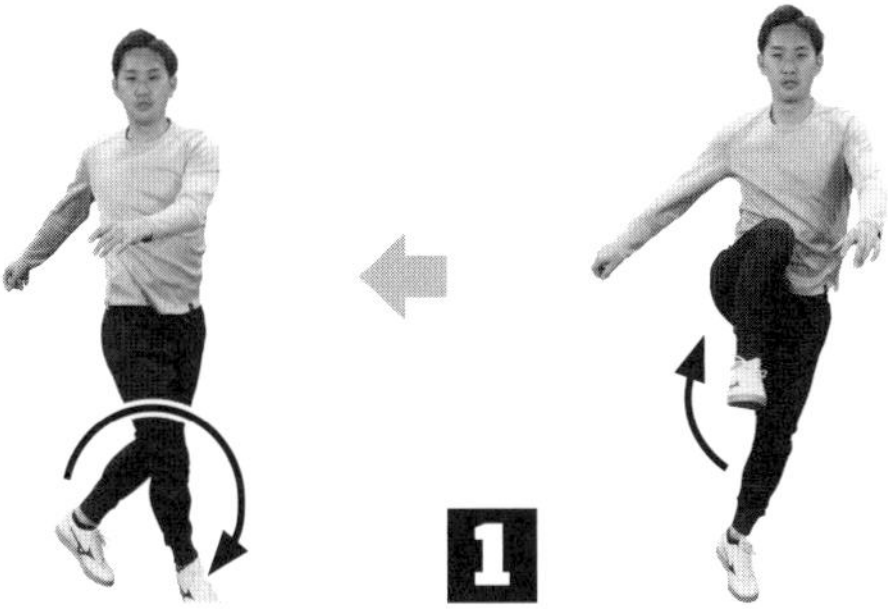

1

足の付け根から膝をへその上まであげ、中心に向かって回旋

2

足を下ろしたら逆側へ。リズミカルに繰り返す。四股を踏んでから行うと、より効果がわかりやすい

VARIATION

身体を斜めにした股関節回し

腹圧を意識して壁に手をついて、膝を高く上げる

この場合は身体が丸まったり、へっぴり腰にならないよう注意

NG

膝が低い位置（写真）や、腿の筋肉だけで動かし、身体が反ってしまわないように注意

CHECK POINT

意識する箇所

股関節の前あたり、腹部など

注意点

動作していない支持脚の膝は極力曲がらないようにする。

身体機能調整レベル⑧

ストレッチポールで上半身ねじり

上半身のねじりで「球持ちの良い」フォームを獲得

ストレッチポールの上に横向きで寝そべって、骨盤から上半身を反り、胸郭、肩甲骨まわりの柔らかさを獲得するトレーニングです。投球時、上半身は第2章で解説したコッキングからフォロースルー局面において、この動的ストレッチのような可動性が求められます。この箇所が柔らかいほど、いわゆる「球持ちの良い」フォームを獲得することができ、力のあるボールを投げることができます。その下地作りになるストレッチです。それと同時に、シーズン中に投げ続けていくと、徐々に硬くなってくる個所でもあります。そのため、コンディショニングとして重視したいメニューです。また取り組む際は、往復に10秒ほどかけるようにし（5往復程度）、「大きく吸う、吐く」という呼吸の意識を持ってください。必ず骨盤を開かずに、上半身を操作するようにしましょう。

ひとりでもできますが、ペアに骨盤の前側へ足を置いてもらうと、骨盤が動かなくなるので、より強い意識で運動できると思います。

1

横向きに寝そべって肩甲骨の下にストレッチポールを敷き、背中を丸くして天井側の腕をできるだけ前に伸ばす

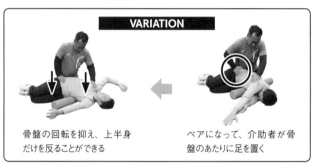

2

骨盤を動かさずに、腕を斜め上方向に上げるように上半身を反る

VARIATION

ペアになって、介助者が骨盤のあたりに足を置く

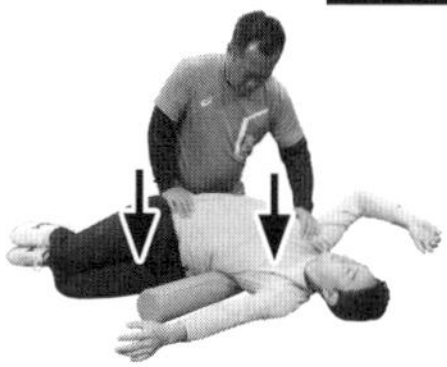

骨盤の回転を抑え、上半身だけを反ることができる

骨盤をひらかないように

CHECK POINT

意識する箇所

写真1：背中から肩・肩甲骨の後ろ側
写真2：腰から腹部の横側、胸郭からワキ

注意点

骨盤を開かず、上半身だけを反る。大きく吸ったり吐いたりする呼吸の意識を持つ。

身体機能調整レベル⑨

棒担ぎ回旋運動

コッキング~フォロースルー局面につながる上半身のねじりで「球持ちのいい」フォームの下地作り

投動作で肝となる運動連鎖の向上、つまり下半身と体幹と上半身の連続した可動性の獲得を目的とするトレーニングです。まず、肩幅よりも少し広い歩幅で立ち、背筋を伸ばし、棒を肩に担ぎます。ポイントとしては、地面に対して棒が平行になるように心がけてます。棒に重さは必要なく、棒が確保できない場合はロープやゴムチューブで代用できます。この体勢から股関節を回して、胴体を回し、最後に肩甲骨周り……と、下半身から順番に、「平行に」回旋させていきましょう。

いいストレートを投げるために大切な、正しいねじれの動き——股関節と胸郭、肩甲骨を分離して動かす——ことが鍵になります。

下から順番に、そしてあくまで「平行に」回旋させることがポイントです。この機能がうまく働いていない人は、身体が斜めに回ってしまいます。また体軸がズレると、お尻の横が出っ張ったり、力が抜けた姿勢になってしまいます。頭から股間にかけての体軸を意識して回旋させることを心がけてください。

1

肩幅よりも少し広い歩幅で立ち、棒が地面に対して平行になるように位置する

2

体軸をまっすぐに、下半身から上半身の順に回していく

3

限界まで回したら、身体を元に戻し

4

逆側にも同じように回す。交互に繰り返す

NG

体軸がずれて、斜めに回ってしまわないよう注意

CHECK POINT

意識する箇所

股関節、胸郭、肩甲骨など

注意点

体軸を真っすぐに、下半身から上半身へ順序よく力が伝わるよう平行に回旋すること。

身体機能調整レベル⑩

ウレタン棒スイング

投球のための力の伝達方法、身体の可動域を覚える

棒を担いだ回旋運動と似ていますが、このトレーニングは可動性の獲得に加え、運動連鎖を教育する目的も含まれます。しなりが生じる柔らかい棒を用意し、先端に重りをつけます。ここでは、ゴルフスイング練習用のウレタン棒にラップの芯のような硬いものをいくつかまとめ、テーピングで巻きつけたものを使用しています。長さ1メートルほどのこの棒を、左右交互にスイングします（20～30往復程度）。投球のための力の伝達方法、身体の可動域を覚えるためのトレーニングです。振り出す側の股関節が使われて、下半身から上半身へうまく力が伝わっていると、棒が身体に巻き付くように曲がります。動きがおかしいと、棒は巻き付かず、先があらぬ方向を向きます。手だけで振ったり、手首をこねてしまわないように注意してください。

肩甲骨の動きの意識も重要です。棒を引きつけた時は背骨と肩甲骨の間が縮まるように、振ったときは背骨と肩甲骨の間が広がるような感じです。ピッチングの際に必要な、肩甲骨のスライドする動きが獲得できます。

1

下半身を起点にスイング

2

投球時と同じように肩甲骨がスライド

3

うまく動いていると棒が身体に巻き付く

4

左右交互に繰り返す

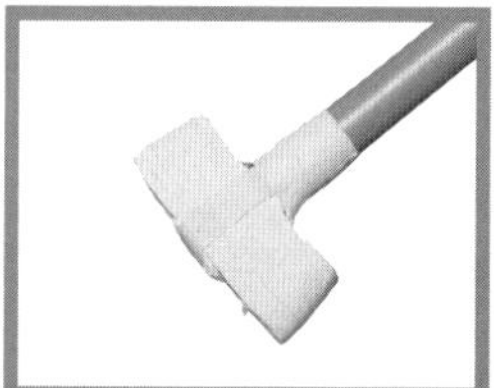

ウレタン製の棒の先に、ラップの芯を切って巻き付けたものを使用。ロープや縄跳びなどで代用可能。

CHECK POINT

意識する箇所

とくに股関節周り、肩甲骨、お腹周り（へその下）

注意点

手だけで振らず、棒を身体に巻き付ける意識でスイングする。

投動作基礎機能レベル①
チューブ抵抗下で片足立ちキープ

ピッチング最初の重要ポイント＝正しい立ち姿勢をキープする

ピッチングにおいて「立つ」ことは非常に重要です。ワインドアップ局面で説明したように、その後の動作にも影響を及ぼします。腹圧（へその下あたり）が自然にかかりながら、踏み出し脚を足の付け根（鼠径のライン）から上げ、身体がぶれないように支持脚側を保持することが、ピッチング時の基本的な立ち姿勢です。このポジションが取れないと、正しい体重移動（併進運動）につながらなくなります。

その立ち姿勢を保つためのトレーニングがこれです。2人組になって、補助側が腰にチューブの一端を巻きます。そして、もう1人は軸足の太ももにチューブを巻き、立ち姿勢になります。そのまま30～50秒くらい、姿勢をキープします。踏み出し脚も上げたポジションでキープしてください。このときに補助側は軽く引っ張るくらいの強度にして、少し揺らしたりして刺激を与えましょう。

この時、支持脚を支えるために内転筋と中臀筋が働き、その中臀筋と腹筋群が頑張っているから体幹のブレが少なくなる…という関係性を、このトレーニングで身につけましょう。

補助者が腰にチューブの一端を巻き、もう1人は軸足の腿にチューブを巻き、立ち姿勢に。そのまま30～50秒くらい同じ姿勢をキープする

腰が落ちたり、上半身がかしいだりしないように

CHECK POINT

意識する箇所

腹部(特にへその下)、中臀筋、内転筋など

注意点

へっぴり腰になったり、骨盤が開かないように意識をし、真っすぐ立って我慢する。

投動作基礎機能レベル②

踏み出し足キープ&ステップ

ピッチングで大切な接地時の体幹と下半身の協調性を高める

ピッチング時に大切な、接地時の体幹と下半身の協調性を高めるトレーニングです。

投球時と同じように、後ろ足は少しだけ段差をつけ、前足と後ろ足の重心の比率を前8対後ろ2や前7対後ろ3くらいにして前へ足を踏み出します。膝は軽く曲げ、お腹に力がかかっている意識を持ち、上半身はリラックスさせます。その姿勢から、踏み出し脚が少しだけ地面から離れるように足裏全体で押し出し、地面を受け止める動作をリズムよく繰り返します（20〜30回）。この時、踏み出し脚全体の角度は変わらないよう努力してください。踏み出し脚の臀筋群、ハムストリング、足首、腹圧とすべてが協調して活動しないと、この動きが行えません。足首だけだったり、膝だけで衝撃を吸収しようとしても、上半身がぐらついてしまいます。このような地面と接地する際の下半身と体幹のマッチングが、ステップ局面からフォロースルー局面で重要となります。このとき、パートナーにボールを投げてもらい、キャッチしながら行うと、デュアルタスクとしての目的も含められます。

1

軸足側に段差をつけ、前に踏み込む。踏み出し足をステップし、足裏で受け止める。

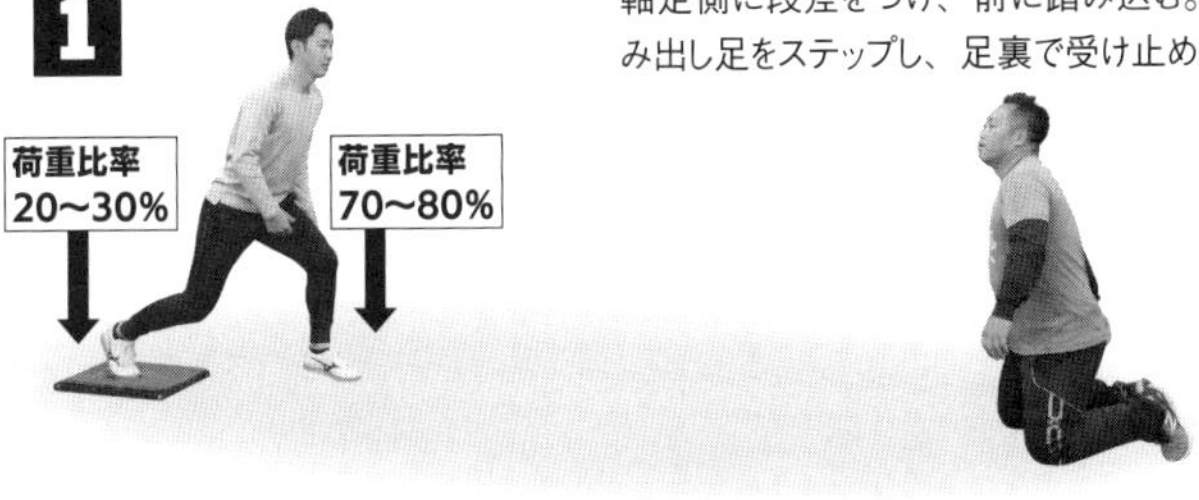

2

パートナーにボールを投げてもらうとデュアルタスクの感覚を得られる

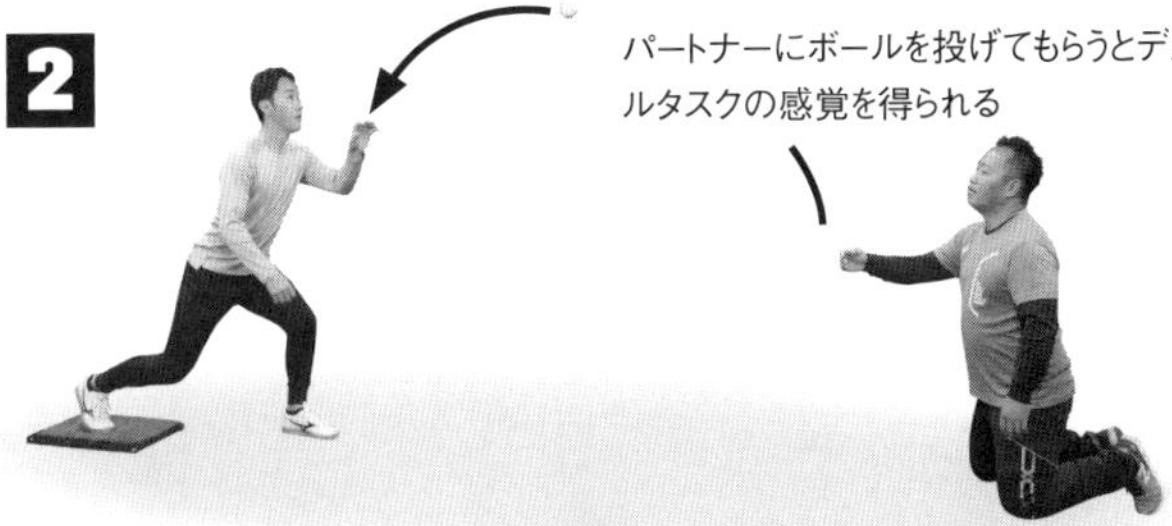

VARIATION

段差を前に置くと、踏み出し脚と腹圧の協調が強化できる

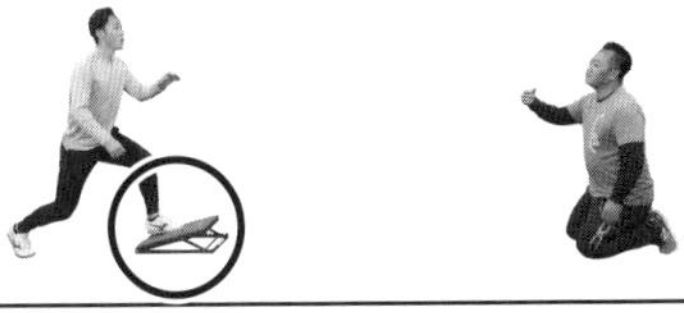

NG

踏み出し脚の膝が伸びた状態で衝撃を吸収できていない

CHECK POINT

意識する箇所

踏み出し脚全体（臀部、ハムストリング、足首、足裏……）

注意点

臀部を中心に踏み出し脚全体で姿勢をキープ、足裏で受け止めて跳ぶ。

投動作基礎機能レベル③

バランスボール挟み骨盤回旋

骨盤の回旋を獲得するトレーニング

2章で、いいストレートを投げるために必要なのは、連動性だというお話をしました。ピッチングの際には腹圧がかかりながら中臀筋、ハムストリング、内転筋群などが協調し、骨盤を回旋させています。この連動ができないと、上半身のパワーに頼った、いわゆる「手投げ」になってしまうのです。

このトレーニングは骨盤を回旋させる動きを獲得するものです。まず、バランスボールを足に挟み、足を浮かせましょう。これで投球時と同じように、腹圧がかかった状態を作り出します。そして、その状態をキープしながら、足を回旋させてボールをくるくると回していきましょう。

上半身はリラックスして腹圧だけは意識し、軸を崩さないように。下半身は、内転筋を意識して、右左同じくらいの範囲で回すことを心がけてましょう。ねじるイメージは、お尻の横ができるだけ正面に向くような意識です。骨盤の回旋でボールを回すというより、腹筋などで代償した動きで体軸がブレてしまい、左右に大きく流れてしまうケースもあるので注意してください。

1

バランスボールを足に挟み、浮かせる

2

内転筋を意識しながら回す

3

回しきったら戻して、左も同じ角度まで回す。これを交互に繰り返す

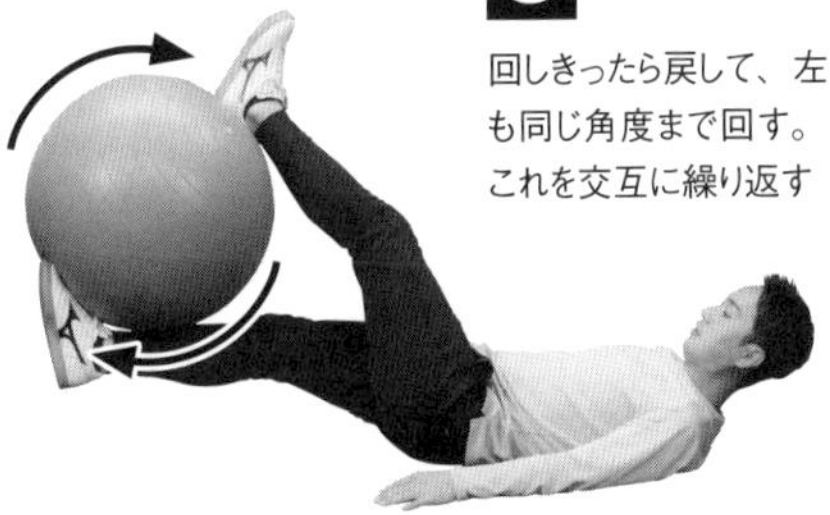

NG

体軸が曲がって、左右に倒れないように

☑ CHECK POINT

意識する箇所

腹筋、内転筋群など

注意点

お尻の横が正面に向くよう意識で回旋させる。あくまでも骨盤の動きを使う。腹筋を使って体軸がブレて左右に倒れないように注意する。

投動作基礎機能レベル④

股関節入れ替え

踏み出し脚をスムーズに送り出すための股関節操作

立位での股関節の内旋と外旋の動きを教育するトレーニングです。

下半身の関節角度は、外野手が守っているくらいのイメージで腕を頭上に上げます。あるいは胸の前の延長線上で手を組み、上半身は正面を向いた状態で保ち、片足側を外旋させたら、もう片足側を内旋させるという動きをリズミカルに繰り返していきます。回数は10往復から20往復を目安です。内旋している側の足は、膝が入った状態になっています。目的は、下半身の連動性——ピッチングの際に股関節を回して、さらに骨盤を回し、踏み出し脚を送り出す——の感覚をつかんでもらうことです。注意点ですが、過去に膝を痛めたことがあったり膝に違和感が出た場合は、トレーニングを中止してください。

最近、関節を意図的に動かすのが苦手な選手が増えている傾向があります。このトレーニングを行うと、骨盤と一緒に上半身も回ってしまったり、膝を入れられないという失敗例を多く見かけますので、チェックポイントにしてください。

1

両手は上にあげ、正面を向く

2

片足を外旋させたら、片足を内旋。内旋側の膝は入れること

3

再び元の姿勢に戻り

4

逆の動きを。交互に繰り返す

股関節と上半身が同じ向きを向かないように

CHECK POINT

意識する箇所

股関節、膝

注意点

上半身は正面を向いたままキープすること。過去に膝を痛めたことがあったり膝に違和感が出た場合はトレーニングを中止する。

投動作基礎機能レベル⑤

壁ドン股関節回旋

内転筋と臀筋群を意識して股関節を回す

これも投球時に必要な下半身の動きで股関節を内旋させる、感覚的な表現でいうと「足（大腿骨）を骨盤にはめこむ」動作を獲得するトレーニングです。

壁や柱に両手をついて、写真のように片足を浮かします。そこから上げた足を内旋させます。スピーディーにかつリズミカルに10～20回を繰り返します。イメージとしては足（内股）を股間に向かって挟み込む感じです。腹圧のかかりも意識しながら、へっぴり腰で行わないことが大事です。

立っているほうの足ですが、この動作によって内転筋群と中臀筋が耐えられないとお尻が横に流れてきます。そうならないために壁を作るイメージを持ってください。

うまくできると、回旋させた際の内転筋、我慢した側のお尻の筋肉が張ってきます。

1

壁や柱に両手をつき、足を上げる

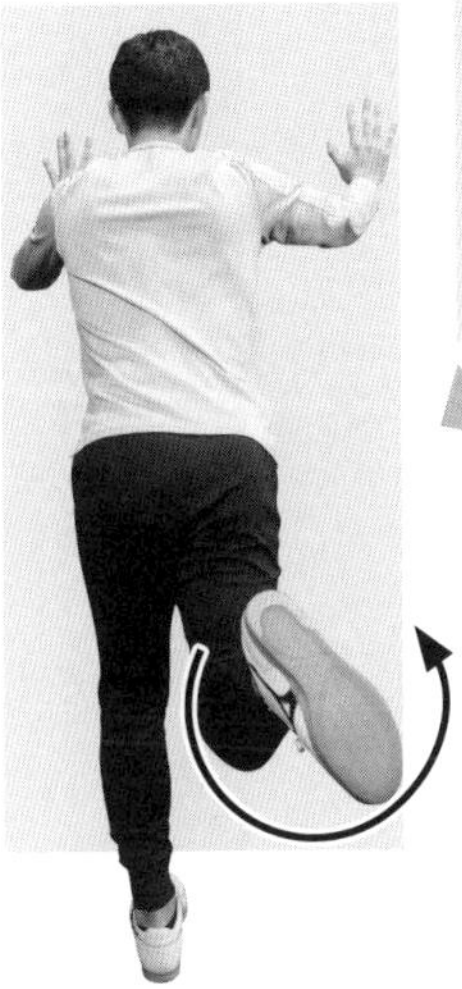

2

内側へ股間を締めるように巻き込む

立っている足の股関節がはまっていないと、横へぶれる

CHECK POINT

意識する箇所

お尻の横（中臀筋）、内転筋群、腹部

注意点

立っている足のお尻で壁を作るイメージで耐える。

投動作基礎機能レベル⑥

バランスボール8の字行進

前へ体重を乗せる感覚を養う

バランスボールを持ち、ランジのようなイメージで足を踏み出します。身体の正面で8の字を描いたら、逆の足を踏み出して8の字を描くという動作を繰り返し、10～12歩程度歩きます。先に紹介したランジよりは下半身の角度を浅めにしてください。

ピッチングをするときには、段階的に前へ体重移動をしていきます。その際に、下半身で踏ん張って姿勢を保つ力が抜けてしまうと、身体が流れてしまって、ボールにパワーが伝えられません。ですので、トレーニングをする際にも、スイングにつられて身体を流されないようにしてください。

このトレーニングを行うことによって、前へ体重を乗せて、なおかつ踏ん張る、体重移動の感覚を的確に得ることができます。慣れてからの応用編としては、バランスボールだけではなく、メディシンボール、ダンベルなど重さや大きさを変えてトレーニングすることもできます。ランダムにすることで、体重移動の出力とブレーキの感覚が研ぎ澄まされることを狙ったものです。

1

バランスボールを持って足を踏み出す

2

身体の正面で8の字を描くようにスイング

3

反対側の足を踏み出し、再び8の字を描くようにスイング

VARIATION

メディシンボールなど、重さや大きさを変える

スイングにつられて身体が左右に流れないよう注意

CHECK POINT

意識する箇所

お尻、膝、腹回り

注意点

スイングにつられて身体が流れないように我慢しながら前へ体重をかける。

バランスボールスロー

投動作における運動連鎖の基礎チェックができるトレーニング

「ボールに力を伝える」という運動連鎖の向上トレーニングです。バランスボールを頭上に持ち上げて投げるトレーニングで、両足を揃えるバリエーションもあります。ポイントは、胸を張り、上半身の反りを確保しつつ腹圧がかかっていること、下半身の踏み込み、体重移動などのタイミングが合った中で投げることです。手腕だけで投げることだけは避けてください。運動連鎖がマッチングしていれば、バックスピンの軌道が現われます。しかし、どちらかの腕や、体幹の左右の筋肉どちらかが勝ってしまったり、下半身のバランスが崩れたりすると、ボールはまっすぐ投げられません。つまり、自分の身体の弱点が見えてくるエクササイズであると言えるでしょう。距離の目安は塁間程度ですが、「動きがマッチングして、バランスボールの軌道がこれまで述べたような感じになるか」を優先してください。距離を縮めたり、地面の斜め前にスローするなどバリエーションを広げることも可能です。ただし肩ヒジや腰などに痛みや不安がある場合には、慎重に取り組み、痛みや不安が強いようであれば中止してください。

1

足を踏み出し、胸を張って
ボールを掲げる

2

両手を揃えて
まっすぐ振り下ろす

左右にぶれないように

CHECK POINT

意識する箇所

腹、胸、下半身股関節周り

注意点

肩やヒジ、腰などに痛みや不安がある場合は中止する。

投動作基礎機能レベル⑧

ロープを用いた肩遠心運動

ピッチングに必要な運動連鎖と肩甲上腕リズムをイメージング

ボールを投げる際の下半身から上半身への「運動連鎖」とはどういうことか、さらに肩と肩甲骨の機能的な関係性である「肩甲上腕リズム」を活かした腕の上げとはどういうことかを獲得するトレーニングです。ロープ適度な長さ（約2m50cm程度を二つ折り）のロープやゴムチューブ（重さは赤色程度）を用意します。ロープを回す際ですが、水が入ったバケツを持って回してもこぼれないという遠心力を用いるイメージです（小中学校の理科で習った記憶があるかと思います）。

運動性ができている証拠として、ロープにしなりが生まれてきます。その時の音は、できたときとそうでないときとでは、はっきり異なります。特に「半身の体勢からフィニッシュ」では、ロープを回す動きと他部位との運動連鎖がマッチングできていると、アクセラレーションからリリース局面にかけて「ムチのようなしなり」が生まれます。ロープ先端から「ビュン」といういい音が鳴り、フォロースルー後は身体に巻き付きます。

8の字

肩甲骨から回すように大きく8の字を描く

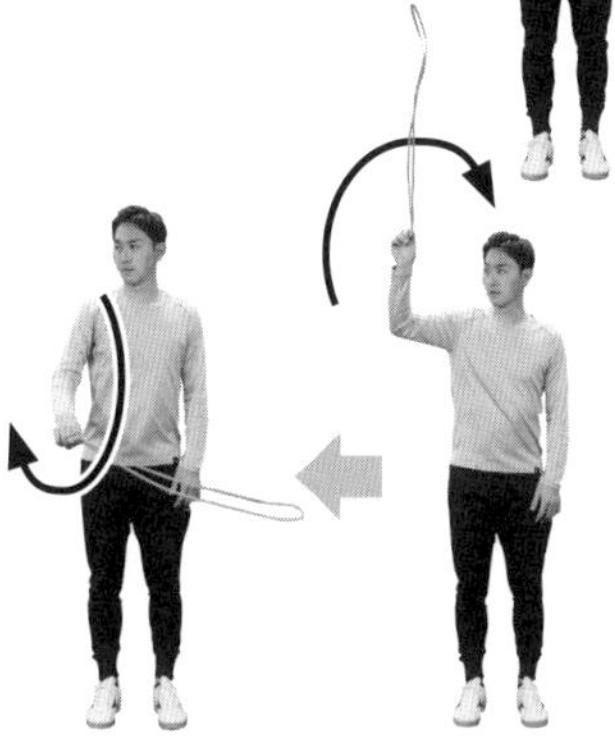

バケツ回し

ロープが垂れないように肩甲骨から大きく回す意識

半身の体勢からフィニッシュ

横向きの動きから、トップの位置に腕が来た際に、ロープが垂れ落ちる前に足を踏み出し、フォロースルー。ロープが身体に巻き付くイメージで

CHECK POINT

意識する箇所

肩甲骨周り、胸郭

注意点

肩の回旋、ヒジ抜き、フォロースルーまでの連動を意識する。

投動作基礎機能レベル⑨

プールスティックでスローイング

ヒジの抜き方を中心にした上半身の動きを確認

このスローイングは動きの習得を目的としていますが、ウオーミングアップとしても活用できます。

１ｍほどの長さの「さほど重さのない、しなりが生じる棒」を用います。私は１００円ショップなどで販売している、プールスティック（発泡ポリエチレン）をよく使っています。その棒を、ピッチングの際と同様に振り抜きましょう。え、それだけ？　と思われるかもしれませんが、実際にやってみると、きちんと振るのが難しいことがわかると思います。なぜなら、シャドウピッチングと同様、股関節に体重を乗せて、肩の回旋からヒジが前にきれいに抜けてフォロースルー、という連動ができていないと、腕が外回りするなど代償運動に陥り思うように振り抜けないのです。また、身体の前目で振り切らないと、より抵抗が出るため、リリース位置も「できるだけ前で放す」というイメージがつかみやすくなるでしょう。

棒を持つことで、手先の操作を使わずに投動作をするため、上半身、とくにヒジの抜き方に注力できると思います。プールスティックを確保できない場合、ビニールバットでも代用できます。

1

投球時と同じように肩を回旋させていき

2

ヒジを抜き

3

フォロースルーへ

ヒジがきれいに抜けないと下まで振り切れない

CHECK POINT

意識する箇所

肩周り、ヒジなど

注意点

肩の回旋、ヒジ抜き、フォロースルーまでの連動を意識する。

投動作基礎機能レベル⑩

棒を用いてヒジ抜きスイング

いったん肩甲骨で受け止め、重みを感じながら振り抜く

プールスティックを用いたスローイングと似ていますが、このトレーニングは上半身、特に肩と肩甲骨の機能に特化しています。ここではジュニアのやり投げ＝ジャベリックスローに使う、ポリエチレンの「ターボジャブ」（300g・70cm程度）を振り抜いています。ターボジャブがない場合は、近い重さと長さのものを用意してください。少し軽くなりますが、子供用のプラスチックバットの先端にテープなどを巻いて、ちょっとした重りをつけることで、代用することができます。

投げる前に一度、肩甲骨下角という背中の真ん中から内側あたりで受け止めるようにターボジャブを担ぎ、軽くゆらゆらと揺らして重みを感じながらヒジを抜き、振りぬく動きです。肩甲骨と上腕骨の機能的な関係性が正しい場合、肩甲骨下角周囲の筋肉で支えている感覚を感じます。関係性が良くない場合は、肩関節などの異なる箇所で支えている感覚になります。回数は感覚をつかむ目的なので5回程度です。肩やヒジに痛みや不安があれば控えたり、中止をしてください。

1

ターボジャブを肩甲骨で受け止めるようにかつぎ、ゆらゆら揺らす

2

投球動作に入り、ヒジを抜きながら

3

振り抜く

CHECK POINT

意識する箇所

肩甲骨周り、ヒジなど

注意点

肩の回旋、ヒジ抜き、フォロースルーまでの連動を意識する。

投動作応用機能レベル①

ボールを持って投動作体重移動

ピッチングの体重移動をはじめとする下半身の運動連鎖の習得

投動作に紐付いた、下半身の総合動作を獲得するトレーニングです。

ストレッチポールを持って、足を開いた状態で、投球動作をします。腕の制限があることで、骨盤（とくに軸足側の骨盤）に意識を集中できます。

ノーステップスローのようなイメージの歩幅を確保します。投げる前には支持脚側に体重を移動し、投げる際に回旋させ、踏み出し足へしっかり体重移動をしながら腕を振る、という動作を連続的に10回ほど繰り返します。この骨盤の動作は、オーバースローやサイドスロー、どんな投法でも同じです。また最終的な前足と後ろ足の重心の比率は、本人の感覚として前8対後ろ2や前7対後ろ3くらいになるようにします。

右の骨盤が回りきらずに後ろへ体重が残ってしまうと、大回りになってしまいます。できるかぎり最短で回すという感覚を持ちましょう。

ストレッチポールの代わりに、メディシンボールを使って腕の動きを制限させるバリエーションもあります。

1

軸足の骨盤をはめ、しっかりためて

2

骨盤を回旋させ、踏み出し足に体重を移動し

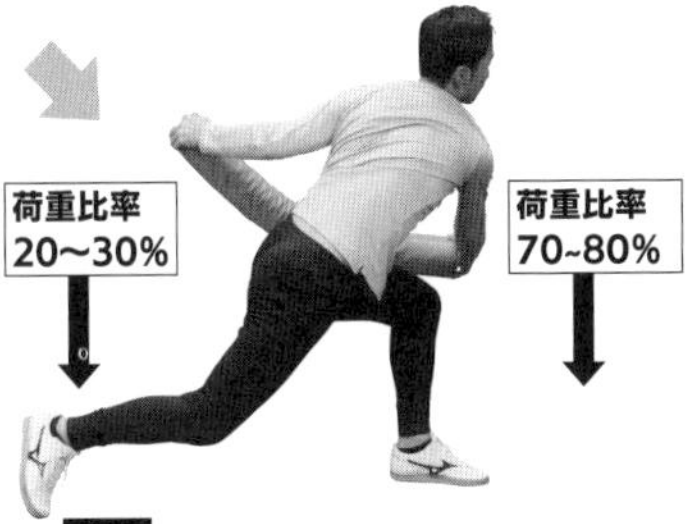

3

しっかり振り切る

VARIATION

メディシンボールを使ってもいい

NG

軸足側に体重が残り、しっかり回っていない状態

CHECK POINT

意識する箇所

骨盤、内転筋群など

注意点

体重を支持脚側に乗せ、投げる際に回旋させ、前へ体重移動。

投動作応用機能レベル②

チューブエクステンション

リリースポイントに力を集約させるイメージを

2章で川村先生が「いい投手はエクステンションが長い傾向がみられる」と解説しています。ここからヒントを得たのが、ここで紹介するチューブエクステンションです。背面方向の柱やフェンスにチューブを張り、投げる手で持ちます。そこから、ピッチング時と同様に、トップを作って、リリースの部分まで伸ばす、というものです。下半身からためたパワーを、最終的に集約させるのがリリースポイントである、というイメージを確立させるために役立ちます。この動作を10回ほど連続して行うことで再現性を養います。

このトレーニングでは、きちんと自分のリリースポイントでピタリと止まれるかどうかが肝心となります。ぐらついたり、斜めに倒れないよう、きっちりお腹に力を入れ、重心を低く持つことも重要です。

※現象として、リリースは肩と腕が一直線のポジションに位置するのが理想とされていますが、選手本人の「ボールを前で放したい」という感覚や、肩甲骨や胸郭回りの同時収縮を意識付けるために「自身の理想とするリリースポイントで」とアドバイスしています。その点を混同しないように気を付けてください。

1

後方にチューブを張り、利き手で持つ

2

投球方向をイメージしてトップを作り

3

ヒジを抜きながら

4

リリースポイントまで引っ張る

下半身の力が抜けて斜めになったり、ふらついたりしないよう注意

CHECK POINT

意識する箇所

肩周り、ヒジなど

注意点

腹に力を入れ、リリースポイントでピタリと止まる

投動作応用機能レベル③

踏み出し・リターンスライド

すり足で投球時の体重移動における下半身の動きを意識する

投球動作と近い動きで、とくに下肢の動きに着目したトレーニングを紹介していきましょう。

まず、キャッチャー側にひとり補助を置きます。トレーニングを行う選手は、ピッチングのときと同様にセットポジションから前へ踏み出します。しかし、ちょっと変わっているのは、このトレーニングではすり足で踏み出すことです。地面が芝や床など滑りやすい状態で、スライドディスク（雑巾でもOK）などを踏み出し脚の下に挟んで行います。踏み出し脚の膝が曲がり、十分に体重が乗り切った位置で待っている補助者がタッチしたら、スライドで元のセットポジションに戻る、というものです。5~8回を目安に行います。

すり足にするのは、2章のステップ局面で解説した投球時の体重移動における下半身の動きを意識するためです。軸足の内転筋、踏み出し足のハムストリングなど、下半身の我慢をする筋肉を意識してください。

重心をしっかり下げてトレーニングしてほしいのですが、腹圧が抜けてしまって腰が落ちてしまったり、上半身の姿勢が崩れたりしないように心がけましょう。

1

セットポジションからすり足で前に踏み出す

2

重心をしっかり前に乗せて耐えきったら、すり足で元に戻り、繰り返す

NG

腰が落ちたり、上半身の姿勢が崩れたりしないように

CHECK POINT

意識する箇所

内転筋、ハムストリングなど

注意点

腹圧を入れて、下半身で姿勢を保持する

投動作応用機能レベル④

棒を担いで併進運動

パワーを伝えるための併進運動を獲得

踏み出し脚が接地してからの併進運動は、キャッチャー方向に重心が移行する水平運動と考えています。これはアーリーコッキング局面からリリース局面にかけて非常に重要です。アクセラレーション局面でも腹背筋群（腹圧）や内転筋群、ハムストリング筋群などの筋肉が協調されて姿勢を保つことができます。そして体軸で我慢をしながら回旋運動が行われ、漸増的に出力が発揮されるのが理想です。その意識づけを目的とするトレーニングです。

棒を肩に担ぎ、歩幅は投球時よりも少し狭くし、ノーステップスローで投げるような半身になります。最初は支持脚側の荷重比率を多くし（支持脚：踏み出し脚の比率は8対2か7対3のイメージ：個人の感覚でＯＫ）、姿勢の上下のブレを我慢しながら荷重比率を逆にするように体重移動をし、スタートポジションに戻ります。この運動を10往復程度行います。目線はキャッチャー方向を見据え、肩のラインはコッキング局面くらいの角度でイメージします。そして棒はできるだけ地面に対して平行に保ち、体重移動をします。

1

肩に棒をかつぎ、
体勢を落とす

2

少しずつ細かく前
へ体重移動する

上半身が反ったり、倒れたりしないように

CHECK POINT

意識する箇所

中臀筋、内転筋など

注意点

上下動をせずに併進する。体勢が傾かないよう注意する。

投動作応用機能レベル⑤

ペアで片足立ち体重移動

ワインドアップからステップ局面での体重移動の初動を正しくつかむ

2章ではワインドアップからステップ局面での体重移動を解説しましたが、それ以降の局面にも影響を及ぼすため、正しい体重移動を身につけたいものです。

支持脚（股間の近く）を掴んでもらって片足立ちになります。そして足を踏み出そうとして体重を移動させる瞬間に、支えてもらいます。

体重移動で多く見られるミスのひとつに、ホーム側へまっすぐ体重を移行できずに、内転筋が踏ん張れずに、踏み出し脚の骨盤が開いてしまったりするケースがあります。補助者が介助して軸足の我慢を知ることで、上半身とのタイムラグが生まれ、いわゆる「打たれづらいフォーム」になります。

もうひとつはパートナーがお尻の横辺りで支えます。これは体重をどこへ向かわせるかをしるためのものです。少しずつ倒して、戻して、を繰り返して感覚を獲得します。両パターンとも20～30秒ほど目安に取り組みます。このトレーニングで体重移動の感覚を正しくつかんでください。

パートナーが支持脚側から保持パターン

立ち姿勢から体重移動を行う最初のポイントで、補助者が軸足を支える

パートナーが踏み出し脚から保持パターン

踏み出し脚をホームへ向けてまっすぐに下ろせるようなイメージで

CHECK POINT

意識する箇所

お腹（へその下）、中臀筋、内転筋など

注意点

踏み出し脚の骨盤が開かないよう、ホーム側へまっすぐ体重移動する意識で行う。

球速を上げるためのトレーニング

前ページまでのトレーニングができてから実施する負荷の高いトレーニング

ここからは球速を上げることを目的としたトレーニングを紹介していきますが、全体的に負荷が高いため実施する際には注意が必要です。そのため、前ページまで紹介してきた井脇氏のトレーニングをしっかりと行えるようになってから、ここで紹介するトレーニングに移行してください。そして実施時に各関節や腰部に違和感が出たら、ただちに中止するようにしてください。また週に3回を限度とし、1回のトレーニングでの回数を厳守することも大切です。そして実施時は全力でやりきることによって効果が上がります。中期的に見ると、週3回のペースで3週間ほど実施した後は維持期とし、週1～2回くらいの頻度で行います。紹介するなかにメディシンボールを使う種目があります。基本的には3kgを想定していますが、体重が65kgに満たない選手の場合はこの重さよりも軽く、体重が85kg以上の選手の場合はこの重さよりも重くするように調節しましょう。最後にここで紹介するトレーニングは実施をする順番も重要です。掲載した順に実施するように心掛けてください。

身体機能調整発展レベル①

リバウンドジャンプ

連続で素早くジャンプします。膝や股関節を深く曲げないようにし、ふくらはぎやアキレス腱のバネを使います。

衝撃が大きいため、芝生などの柔らかい地面で行う

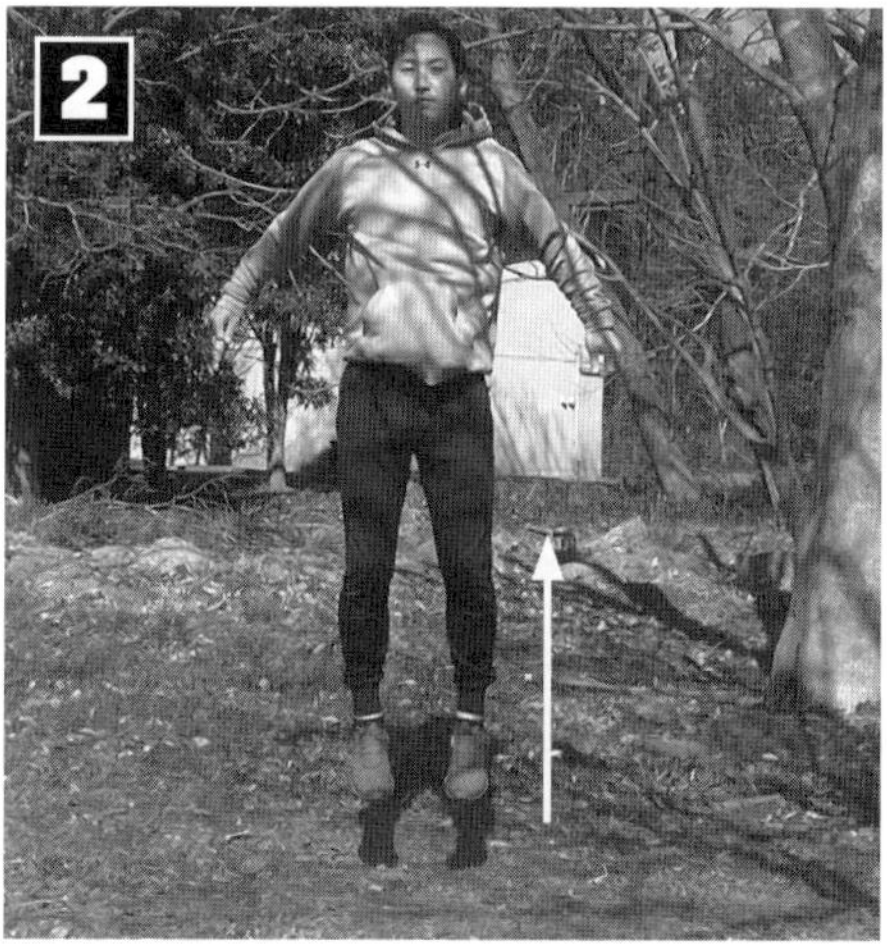

素早く連続でジャンプする。着地場所が変わらないようにする。5〜10回を2セットほど行う

身体機能調整発展レベル②

片足リバウンドジャンプ

下肢のバネと片足でのバランスを養います。179ページの動きを片足で行います。このトレーニングは負荷が高いので、痛みが出るようでしたら中止してください。

片足を上げて立つ

リズミカルに素早く片足で連続ジャンプする

反対側の足でも行う。できるだけ同じ場所に着地する

左右5〜10回を2セットほど行う

身体機能調整発展レベル③

スプリットジャンプ

ステップをした時の動的なバランスと、そこからの股関節の瞬発力を養います。左右の足が空中で入れ替わるように高くジャンプします。ハムストリングや臀筋などをしっかり使います。

1

足を前後に開いて構え、ジャンプをする

2

高く飛んで空中で左右の足を入れ替える。着地の安定感が大切

3

着地後にすぐジャンプをする。左右各5～10回を2セットほど繰り返す

身体機能調整発展レベル④

階段両足ジャンプ

投球に必要な股関節が深い位置での瞬発力を養います。階段のような段差を使い、できるだけ高く飛びます。

1

階段を使って行う

2

両足で、できるだけ高くジャンプをする

3

連続してジャンプをする。無理をせずにできる範囲で行うこと

4

5〜10回を2セットほど行う

身体機能調整発展レベル⑤

階段片足ジャンプ

投球に必要な深い位置での瞬発力とバランスを養うトレーニングで、片足で行います。片足でも両足で行ったようにできるだけ高くジャンプをします。身体にゆがみが生じないように両足とも行います。

1

階段を使って行う

2

片足でできるだけ高くジャンプをする

3

連続してジャンプをする。無理をせずにできる範囲で行うこと

4

左右とも5〜10回を2セットほど行う

身体機能調整発展レベル⑥

傾斜板を使ったサイドジャンプ

投球に必要なステップ時の瞬発力を養います。特に投球につながる動きであり、この動きを反復できることが非常に重要になります。傾斜板を長く押すようにします。

1

傾斜板に片足を乗せる。傾斜板がずれないように固定しておく

2

傾斜板を長く押すようにして飛ぶ。上半身が捻じれないように注意

3

左右それぞれ5～10回を2セットほど繰り返す

上半身が捻じれて前を向いてしまうと十分な効果が得られない

投動作基礎機能発展レベル①

直上スロー

足裏全体で地面から力をもらう感覚を養います。また股関節を深く屈曲することでストレッチの効果もあります。地面からしっかりと力をもらって行います。

1

メディシンボールを両手で持ち、両足を肩幅よりも開く

2

膝や股関節を深く曲げる

3

地面からの力をもらいながら膝や股関節を進展させてボールを投げる。5〜10回行う

投動作基礎機能発展レベル②

サイドスロー

腰の回転を上半身に伝える動きを養います。壁を使って連続してメディシンボールを投げますが、その際に体重移動や捻転動作をしっかりと行います。

メディシンボールを両手で持って壁の前に立つ

腰の回転を上半身に伝えてサイドスローでボールを投げる

体重移動や捻転動作を意識しながら左右それぞれ10回ほど繰り返す

投動作基礎機能発展レベル③

スライドサイドスロー

投球時のステップから腰の回転による連鎖によって、下肢からの力を上肢に伝える動きを養います。腰の回転が早くなると肩に負荷がかかるため、下肢の力で投げます。

メディシンボールを両手で持ち、肩口にセットする

横に大きくスライドしてからストップし、腰の回転で投げる

腰の回転が早くならないように注意する。左右それぞれ5〜10回投げる

投動作応用機能発展レベル①

オーバースロー

投球時の縦の回転の使い方を学びます。しっかりと下腹部がストレッチされるようにし、ボールを振り上げた反動でたたきつけるように投げます。

メディシンボールを両手で持つ

ステップする足を前にし、下腹部がストレッチされるようにボールを振り上げる

振り上げた反動でたたきつけるように投げる。5~10回繰り返す

投動作応用機能発展レベル②

傾斜板を使ったオーバースロー

傾斜板を使って188ページのトレーニングを行います。傾斜板を使うことで大臀筋やハムストリングへの効果が増し、ステップ足にしっかり乗るための基礎が作れます。

1

メディシンボールを両手で持ち、ステップする足を傾斜板に乗せる

2

下腹部がストレッチされるようにボールを振り上げる

3

全身を連動させてボールを振り上げる

4

振り上げた反動でたたきつけるように投げる。5~10回繰り返す

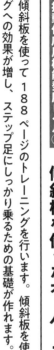

おわりに

盟友である川村先生とのつながりは、すでに30年以上です。同じ年齢でともに北海道出身、高校3年生の夏の南北海道大会で対戦したのを発端に予備校で席が前後同士という偶然。進学した筑波大学体育専門学群から大学院、硬式野球部でも同期であり、まさにいい点も悪い点も知り尽くしている断琴の交わりというべき存在です。

学生やプロなど多くの選手のサポートを介して川村先生と連携していますが、彼が学生時代から終始変わらないのが「俯瞰で物事を捉える」「何が大事なのか本質をみている」「固定概念に縛られることがなく、多様性溢れる」こと。そして何より「情熱溢れる熱い気持ち」でしょう。胡坐をかかずに常に学ぶことを厭わない、非常に尊敬する友人です。

私はご縁があり、工藤公康氏や田澤純一投手をはじめ、多くのプロアマの野球選手と仕事をしてきました。平素ではまず経験できないことの繰り返しで自己嫌悪と切磋琢磨の日々でした。そして50代に差し掛かる前から川村先生と「それぞれが培ってきた経験知を野球界に寄与していきたいね、それが微力ながら野球界の後世への恩返しになる」

と話していました。そして本書に、普段から川村先生とやり取りしている内容の1部を記したのです。

指導者とトレーナーそれぞれの立場からの選手の見方を例えると、目指す山頂は同じでも登頂ルートは別々であり、立場によって見方や感じ方、アプローチが変わります。重要なことは近視眼的な視野にならず、情報過多に溺れずに「見る」ことです。本書をその考え方やチェックのきっかけ作りにして頂けると幸いです。

野球界も日進月歩で変化、「理論と現場（実践）」の融合が益々求められます。残念ながらワールドワイドな他競技に比して、保守的・閉鎖的で進化の度合いが遅いと言わざるを得ませんが、「温故知新」は大事にしつつ、携わる全てのカテゴリーの方々が危機感をもって変化を恐れずに学ぶこと、それが野球界の更なる発展につながると信じています。

最後に、今回の書籍の企画立案をいただいた佐藤紀隆様、執筆補助をしていただいた一角二朗様、辰巳出版様、誠にありがとうございました。

アスレチックトレーナー　**井脇 毅**

川村 卓（かわむら・たかし）

1970年生まれ。筑波大学体育系准教授。筑波大学硬式野球部監督。全日本大学野球連盟監督会幹事、首都大学野球連盟常務理事。札幌開成高校時代には主将・外野手として夏の甲子園大会に出場する。また筑波大学時代も主将として活躍。筑波大学大学院修士課程を経た後、北海道の公立高校で4年半、監督を経験する。その後2000年12月に筑波大学硬式野球部監督に就任。18年明治神宮大会出場を果たす。主にスポーツ選手の動作解析の研究を行っている。主な著書に『「次の一球は?」野球脳を鍛える配球問題集』（辰巳出版）、『最新科学が教える! ピッチング技術』『最新科学が教える! バッティング技術』（共にエクシア出版）、などがある。

井脇 毅（いわき・たけし）

1970年生まれ。鍼灸按摩指圧マッサージ師、（公財）日本スポーツ協会公認アスレティックトレーナー。北海道苫小牧東高校から筑波大学体育専門学群（硬式野球部に所属）、同大学院修士課程体育研究科修了。小守スポーツマッサージ療院を経て、現在は井脇アスリートコンディショニング代表を務める。工藤公康氏をはじめとするプロ野球選手のパーソナルトレーナー、西武ライオンズトレーナー、車いすテニス国枝慎吾選手、リオパラリンピック日本代表トレーナー、プロゴルファー片山晋呉選手など歴任。現在は田澤純一投手のパーソナルトレーナーを務めながら中学、高校、大学野球部でコンディションの指導を行う。

●モデル	西尾優里
●企画・編集・構成	佐藤紀隆（株式会社Ski-est）稲見紫織（株式会社Ski-est）
●制作補助	一角二朗
●デザイン	三國創市（株式会社多聞堂）
●イラスト	遠藤 真由美
●校閲	福島延好

野球脳を鍛える! 打者を打ち取る ストレートの秘密

2021年5月1日　初版第1刷発行

著　者　川村　卓
　　　　井脇　毅
発行者　廣瀬和二
発行所　辰巳出版株式会社
〒160-0022 東京都新宿区新宿2丁目15番14号　辰巳ビル
TEL　03-5360-8960（編集部）
　　　03-5360-8064（販売部）
FAX　03-5360-8951（販売部）
URL　http://www.TG-NET.co.jp

印刷・製本所　図書印刷株式会社

Printed in Japan

ISBN 978-4-7778-2716-9 C0075